RICHTIG FEIERN (FAST) OHNE GELD

UWE GLINKA / KURT MEIER

RICHTIG FEIERN (FAST) OHNE GELD

KOCH- UND BACKREZEPTE FÜR BESONDERE ANLÄSSE

vgs
EGMONT

Originalausgabe

verlegt durch EGMONT Verlagsgesellschaften mbH,
Gertrudenstraße 30–36, 50667 Köln

1. Auflage
Redaktion: Susanne George
Produktion: Simone Nauerth
Layout und Satz: Angela May Grafikdesign & Buchgestaltung, Mettmann
Druck und Verarbeitung: Kösel, Krugzell
ISBN 978-3-8025-3730-1

www.vgs.de
www.diesparratgeber.de

INHALT

VORWORT DER AUTOREN

Um es gleich vorweg zu sagen: Auch Feiern kostet Geld. Schließlich möchte man seine Gäste bewirten mit Speisen und Getränken. Das ist jedoch nicht ganz einfach, wenn man über begrenzte finanzielle Mittel verfügt und die alltäglichen Ausgaben im Blick behalten muss. Ein Fest im Familienkreis oder eine Party mit Freunden verursachen, nüchtern gesagt, zusätzliche Kosten. Aber Feiern gehört nun einmal zum Leben, und Anlässe gibt es viele – sei es ein Geburtstag, das Weihnachtsfest, die Kommunion, eine goldene Hochzeit oder die Einweihung des neuen Grills. Deshalb haben wir uns in bewährter Manier auf die Suche gemacht nach vielerlei Rezepten, deren Zutaten erschwinglich sind. Denn wie schon in unseren ersten Büchern, dem „Sparkochbuch" und dem „Familiensparkochbuch", wollen wir Ihnen dabei helfen, den Geldbeutel zu schonen.

REZEPTE FÜR FESTE MIT VIELEN GÄSTEN! Feste können je nach Anlass in unterschiedlichem Rahmen stattfinden. Deshalb haben wir dieses Buch in Kapitel eingeteilt, die es einfach machen, die passenden Rezepte für eine Feier zusammenzustellen. Erwartet man viele Gäste, eignet sich für die Bewirtung besonders gut ein Büfett. Dazu gehören kalte Speisen wie Salate (gehaltvolle und frisch-leichte) sowie Klassiker wie Frikadellen (je nach Region auch Buletten oder Fleischpflanzerl genannt). Beliebt sind ebenso Dips als Beilage und zum Tunken, die Sie ab Seite 37 finden. Ein selbst gebackenes Fladenbrot (Seite 22) kommt sicher gut an, aber natürlich können Sie auch fertiges Brot und Brötchen kaufen. Und freuen werden sich die Gäste bestimmt über eine kräftige Suppe oder einen Eintopf, der schmeckt, wärmt und jeden Hungrigen satt macht.

Ein eigenes Kapitel haben wir dem Thema Grillen gewidmet – für das gesellige Zusammensein an einem Sommerabend. Hier finden Sie Rezepte für schmackhafte Marinaden, die dem Grillgut eine besondere Geschmacksnote verleihen, und diverse Beilagen. Dazu ein paar Salate aus dem ersten Kapitel und Ihre Gäste werden begeistert sein.

FEIERN IM FAMILIENKREIS! Feste wie Weihnachten und Ostern oder ein Geburtstag sind wunderbare Gelegenheiten, um alle Lieben um sich zu versammeln. Und da darf es auch einmal etwas Besonderes sein, das aus dem üblichen Alltagsspeiseplan herausragt. Im Kapitel „Familienfeste und Feiertage“ finden Sie Rezepte für ein dreigängiges Menü, das Sie individuell zusammenstellen können. Der erste Gang besteht aus einer feinen Suppe, gefolgt von einem Hauptgericht, zum Beispiel einem Schmorbraten aus dem Ofen oder einer köstlichen Wildschweinkeule. Und den krönenden Abschluss bildet eine Nachspeise.

ZU EINEM FEST GEHÖREN KUCHEN UND TORTEN! Das letzte Kapitel in diesem Buch ist dem Backen gewidmet. Ob man die Verwandten zu einer Kaffeetafel am Nachmittag einlädt oder eine lärmende Kinderschar zum Geburtstag des Nachwuchses bewirten möchte – die üppigen, zum Teil außergewöhnlichen Torten und traditionsreichen Kuchen werden alle selig machen.

SELBST MACHEN LAUTET DIE DEVISE! Natürlich kann man für den bevorstehenden Grillabend Fertigsoßen kaufen. Doch die sind letztlich teurer als die Zutaten für eine selbst angerührte Soße, die zudem garantiert besser schmeckt (und frei von nicht unbedingt gesundheitsfördernden Zusatzstoffen ist!) und deren Zubereitung kaum Mühe kostet. Dasselbe gilt für Backwaren jeglicher Art. Bestellt man beim Konditor eine Torte oder kauft in der Bäckerei ein Tablett Kuchenstücke, wird man eine beträchtliche Summe los. Mehl, Zucker, Eier und alles andere, was man zum Backen braucht, sind dagegen günstige Produkte. Und mit einem selbst gebackenen Kuchen wird man seine Gäste ganz gewiss mehr beeindrucken als mit gekaufter Ware.

Bei Festen wird natürlich auch getrunken: Kaffee, Tee und Kakao zum Kuchen, alkoholfreie und alkoholische Getränke zum Menü und auf Partys. Diesen Posten haben wir in unserem Buch nicht berücksichtigt, weil es nicht einfach ist, Mengenangaben zu treffen. Was dies betrifft, sollte man wie immer Ausschau nach Sonderangeboten halten. Oder man lädt zu einer „Bottle-Party“ ein, zu der die Gäste statt Blumen oder anderer Aufmerksamkeiten eine Flasche mitbringen!

Auch in diesem Buch gebührt unser großer Dank den Köchinnen und Bäckerinnen der Landfrauenvereine, aus deren reichem Fundus an Rezepten wir schöpfen durften.

Wir wünschen Ihnen und Ihren Gästen viele schöne Feiern und Partys – und natürlich guten Appetit!

Uwe Glinka und Kurt Meier

INFOS ZUM KOCHBUCH

- Die Rezepte (Ausnahme: Kuchen und Torten) sind für **8 PERSONEN** berechnet.
- Um die Kosten möglichst gering zu halten, sollten die Zutaten in Discountern gekauft werden. Stand der Preise in diesem Buch: Juli 2010. Geringe Abweichungen sind möglich.
- Man kann sich genau an die Rezepte halten, muss es aber nicht. Lassen Sie Ihrer Fantasie ruhig freien Lauf, denn Geschmäcker sind unterschiedlich.
- Viele Speisen kann man vorbereiten. Bitte achten Sie darauf, dass bei manchen Rezepten mit der Zubereitung bereits am Vortag begonnen werden muss (z. B. das Einlegen eines Bratens).
- Enthält die Zutatenliste eines Rezepts Brühe (Instant), wird diese mit Wasser zubereitet und dann hinzugefügt.

VERWENDETE ABKÜRZUNGEN UND BEGRIFFE:

GEM. = GEMAHLEN
GETR. = GETROCKNET
GESCH. = GESCHÄLT
TK = TIEFKÜHLKOST
EL = ESSLÖFFEL
TL = TEELÖFFEL

Partys und Grillfeste

EGAL, ZU WELCHEM ANLASS – OB GEBURTSTAG, POLTERABEND, EINWEIHUNGSPARTY, EIN JUBILÄUM ODER HALLOWEEN: Mit einem kalten Büfett ist es nicht schwer, viele Gäste zu bewirten. Fast alle Speisen lassen sich problemlos vorbereiten, zum Teil schon am Vortag. So können Sie von Anfang an mitfeiern, statt hektisch in der Küche zu hantieren.

Sorgen Sie für genügend Geschirr und Besteck (evtl. aus Plastik), Servietten, Salz- und Pfefferstreuer. Fehlen dürfen natürlich auch nicht alkoholische Getränke, wobei auch nicht alkoholische wie Mineralwasser und Säfte bereitstehen sollten.

Die Mengen der Zutaten sind für jeweils 8 Personen berechnet und können nach Bedarf aufgestockt oder auch reduziert werden.

Salate

Schneller Weißkohlsalat

Menge	Zutaten	Preis
2 kg	Weißkohl	1,98 €
150 g	Zwiebeln	0,15 €
5 EL	Speiseöl	0,05 €
5 EL	Essig	0,02 €
50 g	Senf	0,12 €
1 Prise	Salz	0,05 €
1 Prise	Pfeffer	0,05 €
2 EL	Zucker	0,01 €
	Summe	**2,43 €**

Zubereitung

Den Weißkohl putzen, in feine Streifen schneiden oder raspeln und in eine große Schüssel geben. Zwiebeln schälen, würfeln und im Öl andünsten. Die übrigen Zutaten dazugeben und einige Minuten kochen. Noch heiß über das Kraut geben, umrühren und mit einem Teller abdecken. Am besten 1 Tag ziehen lassen (je länger der Salat zieht, desto besser schmeckt er!). Mit Salz und Pfeffer abschmecken.

Feldsalat mit Tomaten und Senfdressing

Menge	Zutaten	Preis
300 g	Feldsalat	2,78 €
800 g	Tomaten	0,79 €
200 g	Zwiebeln	0,20 €
8 EL	Speiseöl	0,08 €
5 EL	Essig	0,02 €
4 Zehen	Knoblauch	0,08 €
60 g	Senf	0,15 €
1 Prise	Salz	0,05 €
1 Prise	Pfeffer	0,05 €
	Summe	**4,20 €**

Zubereitung

Feldsalat putzen und waschen. Tomaten waschen und in Stücke schneiden. Zwiebeln schälen und fein würfeln. Alles mischen. Für das Dressing Öl, Essig und Senf verschlagen. Knoblauch schälen und durchgepresst dazugeben. Mit Salz und Pfeffer abschmecken. Das Dressing erst kurz vor dem Servieren über den Salat gießen.

Frischer gemischter Salat

Menge	Zutaten	Preis
1 kg	Tomaten	0,99 €
2 Stück	Salatgurken	0,78 €
300 g	Zwiebeln	0,30 €
2 Dosen	Mais (à 425 ml)	0,96 €
10 EL	Speiseöl	0,10 €
1 Stück	Zitrone	0,33 €
1 Prise	Salz	0,05 €
1 Prise	Pfeffer	0,05 €
	Summe	**3,56 €**

Zubereitung

Tomaten und Gurke waschen und klein würfeln. Zwiebeln schälen und ebenfalls fein würfeln. Alles in einer Schüssel mit dem abgetropften Mais mischen. Öl mit Saft der Zitrone mischen. Mit Salz und Pfeffer abschmecken. Kurz vor dem Servieren die Soße untermischen.

Bunter Heide-Krautsalat

Menge	Zutaten	Preis
1 ½ kg	Weißkohl	1,49 €
1 Stück	Salatgurke	0,39 €
300 g	Paprika rot	0,75 €
300 g	Paprika grün	0,75 €
300 g	Äpfel	0,35 €
200 g	Möhren	0,17 €
200 g	Miracel Whip	0,76 €
2 Stück	Zitronen	0,66 €
40 g	getr. Dillkräuter	0,47 €
1 Prise	Salz	0,05 €
1 Prise	Pfeffer	0,05 €
2 EL	Zucker	0,01 €
	Summe	**5,90 €**

Zubereitung

Weißkohl fein hobeln. Gurke längs durchschneiden, schälen und in dünne Stifte schneiden. Paprikaschoten putzen, waschen und würfeln. Äpfel schälen, entkernen und in Stifte schneiden. Möhren schälen und würfeln. Alles in einer Schüssel vermengen. Aus Miracel Whip, dem Saft der Zitronen, Dillkräutern, Salz, Pfeffer und Zucker eine Soße zubereiten und unter den Salat heben. Muss nicht ziehen, kann sofort serviert werden.

Möhren-Orangen-Salat

Menge	Zutaten	Preis
800 g	Möhren	0,68 €
4 Stück	Orangen	1,13 €
100 ml	Olivenöl	0,10 €
100 ml	Zitronensaft	0,25 €
1 Prise	Salz	0,05 €
1 Prise	Pfeffer	0,05 €
2 EL	Zucker	0,01 €
	Summe	**2,27 €**

Zubereitung

Möhren schälen und in eine große Schüssel raspeln. Orangen mit einem scharfen Messer schälen und über einer kleinen Schüssel filetieren, um den Saft aufzufangen. Olivenöl, Zitronensaft und Orangensaft verrühren. Mit Salz, Pfeffer und Zucker abschmecken. Orangenfilets mit den Möhren mischen und das Dressing unterrühren.

Fruchtiger Sommer-Reissalat

Menge	Zutaten	Preis
400 g	Reis	0,39 €
400 g	Äpfel	0,46 €
150 g	Zwiebeln	0,15 €
400 g	Kochschinken	2,58 €
400 g	Gouda am Stück	1,80 €
5 EL	Weinessig	0,02 €
50 g	Senf	0,12 €
100 ml	Speiseöl	0,10 €
1 Bund	Petersilie	0,59 €
1 Prise	Salz	0,05 €
1 Prise	Pfeffer	0,05 €
	Summe	**6,31 €**

Zubereitung

Reis kochen, anschließend abkühlen lassen. Äpfel und Zwiebel schälen. Zusammen mit dem gekochten Schinken und Käse so klein wie möglich schneiden. Alles in eine Schüssel geben und miteinander vermengen. Aus Essig, Senf, Öl, gehackter Petersilie, Salz und Pfeffer eine Soße zubereiten. Über die Mischung geben und bis zum Servieren (am besten über Nacht) ziehen lassen. Bei Bedarf nachwürzen.

Fleischsalat

Menge	Zutaten	Preis
650 g	Fleischwurst	1,89 €
500 g	Gewürzgurken (Glas)	0,45 €
500 g	Miracel Whip	1,89 €
1 Prise	Salz	0,05 €
1 Prise	Pfeffer	0,05 €
1 Bund	Schnittlauch	0,59 €
	Summe	**4,92 €**

Zubereitung

Fleischwurst pellen und in schmale Streifen schneiden. Gurken klein schneiden, mit der Wurst und Miracel Whip vermischen. Mit Salz, Pfeffer und etwas Gurkensaft abschmecken. Vor dem Servieren mit Schnittlauchröllchen bestreuen.

Kartoffelsalat auf Heideart

Menge	Zutaten	Preis
1 kg	Kartoffeln	0,90 €
350 g	Gewürzgurken (Glas)	0,31 €
1 Prise	Salz	0,05 €
150 g	Zwiebeln	0,15 €
650 g	Fleischwurst	1,89 €
300 g	Miracel Whip	1,13 €
50 g	Senf	0,12 €
1 Prise	Pfeffer	0,05 €
1 Bund	Petersilie	0,59 €
	Summe	**5,19 €**

Zubereitung

Kartoffeln in der Schale kochen. Unterdessen die Gurken der Länge nach halbieren und die Kerne entfernen. In dünne Scheiben schneiden und in eine kleine Schüssel geben. Salz hinzufügen und alles gut vermengen. Zwiebeln schälen, in dünne Scheiben schneiden und in kaltes Wasser legen, bis sie wieder benötigt werden. Kartoffeln abschütten und pellen. Halbieren und in etwa 1 cm große Würfel schneiden. Gurken waschen und das Wasser herausdrücken. Ebenso die Zwiebeln ausdrücken. Kartoffeln, Gurken - und Zwiebelscheiben mit klein gewürfelter Fleischwurst vermengen. Miracel Whip mit Senf, Salz und Pfeffer verrühren und untermischen. Abschmecken und mit gehackter Petersilie garnieren.

Mediterraner Nudelsalat

Menge	Zutaten	Preis
800 g	Spiralnudeln	0,62 €
1 Prise	Salz	0,05 €
3 Stück	Eier	0,39 €
200 g	Tomaten	0,20 €
250 g	Paprika rot	0,62 €
150 g	Zwiebeln	0,15 €
200 g	Gewürzgurken (Glas)	0,18 €
1 Dose	Mais (425 ml)	0,48 €
2 Dosen	Erbsen (à 423 ml)	0,98 €
300 g	Kochschinken	1,94 €
200 g	Miracel Whip	0,76 €
50 g	Senf	0,12 €
1 Prise	Pfeffer	0,05 €
	Summe	**6,54 €**

Zubereitung

Nudeln in Salzwasser bissfest garen. Eier hart kochen, abkühlen lassen, pellen und in Würfel schneiden. Tomaten und Paprika waschen und würfeln. Zwiebeln schälen und hacken. Alles mit klein geschnittenen Gurken vermischen. Mais und Erbsen abtropfen lassen und dazugeben. Ebenso klein geschnittenen Schinken. Miracel Whip mit Senf, Salz, Pfeffer sowie etwas Gurkenwasser verrühren. Über den Salat gießen und ein paar Stunden durchziehen lassen.

Muttis Heringssalat

Menge	Zutaten	Preis
750 g	Rote Bete	1,49 €
3 Stück	Eier	0,39 €
150 g	Zwiebeln	0,15 €
250 g	Äpfel	0,29 €
400 g	Gewürzgurken (Glas)	0,36 €
600 g	Matjesfilets	1,98 €
5 EL	Essig	0,02 €
5 EL	Speiseöl	0,05 €
25 g	Senf	0,06 €
200 g	Miracel Whip	0,76 €
1 Prise	Salz	0,05 €
1 Prise	Pfeffer	0,05 €
2 ½ EL	Zucker	0,02 €
	Summe	**5,67 €**

Zubereitung

Rote Bete in der Schale weich kochen (kann bis zu 1 Stunde dauern). Abkühlen lassen, schälen und in kleine Würfel schneiden. Eier hart kochen, pellen und ebenfalls würfeln. Zwiebeln und Äpfel schälen und in Würfel schneiden. Ebenso die Gewürzgurken und Matjesfilets. Aus Essig, Öl, Senf und Miracel Whip eine Soße rühren. Mit Salz, Pfeffer und Zucker abschmecken. Die gewürfelten Zutaten in eine Schüssel geben und mit der Soße vermengen. Den Salat am besten 1 Tag ziehen lassen.

Norddeutscher Eiersalat

Menge	Zutaten	Preis
10 Stück	Eier	1,29 €
350 g	Fleischwurst	1,02 €
200 g	Miracel Whip	0,76 €
50 g	Senf	0,12 €
1 Prise	Salz	0,05 €
1 Prise	Pfeffer	0,05 €
2 EL	Zucker	0,01 €
1 Bund	Schnittlauch	0,59 €
	Summe	**3,89 €**

Zubereitung

Eier hart kochen, abkühlen lassen und pellen. In kleine Stücke schneiden und in eine Schüssel geben. Evtl. mit einer Gabel noch ein wenig zerdrücken. Fleischwurst pellen, in kleine Würfel schneiden und zu den Eiern geben. Miracel Whip mit Senf, Salz, Pfeffer und Zucker verrühren und untermengen. Falls nötig, noch etwas Miracel Whip dazugeben. Abschmecken und zum Schluss mit Schnittlauchröllchen garnieren.

Leichter Nudelsalat mit Käse

Menge	Zutaten	Preis
500 g	Spiralnudeln	0,39 €
500 g	Paprika rot	1,25 €
3 Bund	Frühlingszwiebeln	1,17 €
600 g	Gouda am Stück	2,69 €
100 ml	Speiseöl	0,10 €
5 EL	Essig	0,02 €
50 g	Senf	0,12 €
1 Prise	Salz	0,05 €
1 Prise	Pfeffer	0,05 €
1 Prise	Zucker	0,01 €
1 Bund	Schnittlauch	0,59 €
	Summe	**6,44 €**

Zubereitung

Nudeln nach Packungsanleitung kochen. Abgießen und abkühlen lassen. Paprika waschen, putzen und in Stückchen schneiden. Frühlingszwiebeln putzen und in Ringe schneiden. Käse würfeln. Alles zusammen vermischen. Speiseöl mit Essig und Senf kräftig verrühren. Mit Salz, Pfeffer und Zucker abschmecken und unter den Salat heben. Vor dem Servieren mit Schnittlauchröllchen garnieren.

Lauwarmer Kartoffelsalat

Menge	Zutaten	Preis
1,2 kg	Kartoffeln	1,08 €
2 TL	Fleischbrühe (Instant)	0,04 €
5 EL	Essig	0,02 €
1 Prise	Salz	0,05 €
1 Prise	Pfeffer	0,05 €
5 EL	Speiseöl	0,05 €
300 g	durchwachsener Speck	1,29 €
3 Bund	Petersilie	1,77 €
	Summe	**4,35 €**

Zubereitung

Kartoffeln kochen. Inzwischen zubereitete Fleischbrühe, Essig, Salz, Pfeffer und Öl verrühren. Speck würfeln. Kartoffeln noch heiß schälen und in nicht zu dünne Scheiben schneiden. Speckwürfel in einer Pfanne ausbraten. Petersilie waschen, trocken tupfen und klein schneiden. Kartoffeln mit Soße und Petersilie vermischen. Speckwürfel mit dem Bratfett darüber verteilen und unterheben. Den Salat am besten warm servieren.

Griechischer Kartoffelsalat

Menge	Zutaten	Preis
1 kg	Kartoffeln	0,90 €
400 g	saure Sahne	0,62 €
200 g	Feta-Käse	1,69 €
1 Prise	Salz	0,05 €
1 Prise	Pfeffer	0,05 €
5 Zehen	Knoblauch	0,10 €
2 Stück	Salatgurken	0,78 €
250 g	Paprika rot	0,62 €
1 Bund	Schnittlauch	0,59 €
	Summe	**5,40 €**

Zubereitung

Kartoffeln kochen und noch heiß pellen. Saure Sahne mit zerbröckeltem Feta-Käse pürieren. Mit Salz, Pfeffer und durchgepresstem Knoblauch abschmecken. Salatgurken waschen und in feine Streifen schneiden. Paprika waschen, putzen und würfeln. Kartoffeln in Scheiben schneiden und alle Zutaten mit der Soße vermengen. Vor dem Servieren mit Schnittlauchröllchen bestreuen.

Sommerlicher Käsesalat

Menge	Zutaten	Preis
300 g	Gouda am Stück	1,35 €
400 g	Kochschinken	2,58 €
200 g	Tomaten	0,20 €
1 Stück	Salatgurke	0,39 €
50 g	Zwiebeln	0,05 €
200 g	Crème fraîche	0,42 €
200 ml	Miracel Whip	0,76 €
40 g	Senf	0,10 €
100 g	Sahne	0,19 €
1 TL	Currypulver	0,05 €
2 EL	Zitronensaft	0,05 €
1 Prise	Salz	0,05 €
1 Prise	Pfeffer	0,05 €
1 TL	Paprikapulver scharf	0,05 €
	Summe	**6,29 €**

Zubereitung

Käse und Schinken würfeln. Tomaten und Salatgurke waschen und in Würfel schneiden. Zwiebel schälen und fein hacken. Alles in eine Schüssel geben. Crème fraîche mit Miracel Whip Senf, Sahne, Currypulver und Zitronensaft verrühren. Mit Salz, Pfeffer und Paprikapulver abschmecken. Soße über den Salat gießen und vermengen.

Badischer Wurstsalat

Menge	Zutaten	Preis
1,3 kg	Fleischwurst	3,78 €
½ Glas	Gewürzgurken (à 720 ml)	0,33 €
300 g	Zwiebeln	0,30 €
8 EL	Essig	0,03 €
250 ml	Speiseöl	0,19 €
50 g	Senf	0,12 €
1 Bund	Petersilie	0,59 €
1 Prise	Salz	0,05 €
1 Prise	Pfeffer	0,05 €
	Summe	**5,44 €**

Zubereitung

Fleischwurst und Gewürzgurken in feine Scheiben oder Streifen schneiden. Zwiebeln schälen, halbieren und in feine Ringe schneiden. Alles in eine Schüssel geben. Essig, Öl und Senf mit etwas Wasser verrühren. Petersilie waschen, trocken tupfen, fein hacken und hinzufügen. Mit Salz und Pfeffer abschmecken. Die Soße über den Salat gießen, gut verrühren und mindestens 1 Stunde ziehen lassen.

Dressings für Salate

Mit diesen Dressings können Sie Salate aus verschiedenen frischen Zutaten anrichten. So eignen sich alle Blattsalate (empfehlenswert ist Eisbergsalat, weil er nicht so schnell zusammenfällt), Tomaten, Gurken, Paprika, Fenchel, Mais, Möhren und noch vieles mehr. Achten Sie auf Sonderangebote (saisonales Gemüse) und lassen Sie Ihrer Fantasie freien Lauf! Am besten stellen Sie eine Schüssel gemischten Salat auf den Tisch und daneben ein kleines Gefäß mit dem Dressing – oder auch zwei oder mehrere Varianten, versehen mit beschrifteten Kärtchen! Dann kann jeder Gast selbst nach Lust und Laune seinen Salat anrichten.

Joghurt-Kräuter-Dressing

Menge	Zutaten	Preis
250 g	Naturjoghurt	0,20 €
1 Stück	Zitrone	0,33 €
5 EL	Speiseöl	0,05 €
1 Prise	Salz	0,05 €
1 Prise	Pfeffer	0,05 €
1 Prise	Zucker	0,01 €
1 Bund	Petersilie	0,59 €
1 Bund	Schnittlauch	0,59 €
	Summe	**1,87 €**

Zubereitung

Joghurt, den Saft der Zitrone und Öl verrühren. Mit Salz, Pfeffer und Zucker abschmecken. Petersilie und Schnittlauch waschen, klein hacken und unterheben.

French Dressing

Menge	Zutaten	Preis
2 Stück	Eier	0,26 €
20 g	Senf	0,05 €
250 ml	Speiseöl	0,24 €
100 ml	Essig	0,04 €
100 g	Zwiebeln	0,10 €
2 EL	Zitronensaft	0,05 €
1 Prise	Salz	0,05 €
1 Prise	Pfeffer	0,05 €
1 Prise	Zucker	0,01 €
1 Bund	Petersilie	0,59 €
	Summe	**1,44 €**

Zubereitung

Eier trennen. Eigelb und Senf in einer Schüssel kräftig verrühren. Öl, 75 ml Wasser und Essig langsam nach und nach zugeben. Dabei ständig rühren. Zwiebeln schälen und sehr fein würfeln. Mit dem Zitronensaft dazugeben. Mit Salz, Pfeffer und Zucker abschmecken. Zum Schluss die gehackte Petersilie untermischen.

Orangencreme-Dressing

Menge	Zutaten	Preis
2 Stück	Orangen	0,57 €
200 g	Crème fraîche	0,42 €
2 EL	Zitronensaft	0,05 €
100 g	Orangenmarmelade	0,23 €
1 Prise	Salz	0,05 €
1 Prise	Pfeffer	0,05 €
1 Prise	Zucker	0,01 €
	Summe	**1,38 €**

Zubereitung

Orangen auspressen und den Saft mit Crème fraîche verrühren. Zitronensaft und Orangenmarmelade dazugeben. Mit Salz, Pfeffer und Zucker abschmecken.

American Dressing

Menge	Zutaten	Preis
100 g	Zwiebeln	0,10 €
100 ml	Miracel Whip	0,38 €
200 g	Naturjoghurt	0,16 €
100 g	Ketchup	0,14 €
4 Zehen	Knoblauch	0,08 €
2 TL	Paprikapulver edelsüß	0,10 €
1 Prise	Salz	0,05 €
1 Prise	Pfeffer	0,05 €
	Summe	**1,06 €**

Zubereitung

Zwiebeln schälen und in kleine Würfel schneiden. Mit Miracel Whip, Joghurt, Ketchup und durchgepresstem Knoblauch in einer Schüssel kräftig vermischen oder pürieren (z. B. mit einem Stabmixer oder in der Küchenmaschine). Mit Paprikapulver würzen und mit Salz und Pfeffer abschmecken.

Joghurt-Himbeer-Dressing

Menge	Zutaten	Preis
100 g	Naturjoghurt	0,08 €
5 EL	Speiseöl	0,05 €
3 EL	Himbeermarmelade	0,06 €
2 EL	Essig	0,01 €
2 ½ EL	Zucker	0,02 €
20 g	Senf	0,05 €
1 Prise	Salz	0,05 €
1 Prise	Pfeffer	0,05 €
	Summe	**0,37 €**

Zubereitung

Joghurt und Öl gründlich verrühren. Himbeermarmelade, Essig, Zucker und Senf untermischen. Mit Salz und Pfeffer abschmecken.

Büfett-Klassiker

Frikadellen

Menge	Zutaten	Preis
2 Stück	Brötchen	0,34 €
200 g	Zwiebeln	0,20 €
4 Zehen	Knoblauch	0,08 €
1 kg	gemischtes Hackfleisch	4,73 €
2 Stück	Eier	0,26 €
50 ml	Senf	0,12 €
1 Prise	Salz	0,05 €
1 Prise	Pfeffer	0,05 €
100 ml	Speiseöl	0,10 €
	Summe	**5,93 €**

Zubereitung

Brötchen in Wasser einweichen und gut ausdrücken. Zwiebeln und Knoblauchzehen schälen und fein hacken. Hackfleisch in eine Schüssel geben. Mit zerpflücktem Brötchen, Zwiebel- und Knoblauchstückchen, Eiern, Senf, Salz und Pfeffer vermengen. (Ist der Teig zu feucht, etwas Paniermehl hinzufügen.) Mit angefeuchteten Händen Frikadellen formen. In einer Pfanne im Öl von allen Seiten knusprig braun braten. TIPP: Große Mengen für Partys lassen sich gut im Backofen zubereiten. Die Frikadellen bei 200 Grad etwa 40 Minuten auf einem eingeölten Blech backen, dabei mindestens einmal wenden.

Griechischer Zaziki

Menge	Zutaten	Preis
2 Stück	Salatgurken	0,78 €
1 kg	Naturjoghurt	0,78 €
1 kg	Quark	1,48 €
1 Stück	Zitrone	0,33 €
100 ml	Olivenöl	0,10 €
1 Knolle	Knoblauch	0,25 €
1 Prise	Salz	0,05 €
1 Prise	Pfeffer	0,05 €
	Summe	**3,82 €**

Zubereitung

Gurken schälen und in eine Schüssel raspeln. In einer zweiten Schüssel Joghurt und Quark gut verrühren. Den Saft der Zitrone und Olivenöl untermischen. Knoblauchzehen pellen und durchgepresst dazugeben. (Achtung: Je nach Geschmack kann die Menge natürlich reduziert werden!) Mit Salz und Pfeffer abschmecken. Gurkenraspel gut ausdrücken und unter die Joghurt-Quark-Masse heben. Kalt gestellt mindestens 3 Stunden durchziehen lassen.

Türkisches Fladenbrot

Menge	Zutaten	Preis
1 kg	Mehl	0,25 €
10 g	Hefe	0,02 €
1 ½ EL	Zucker	0,01 €
2 ½ EL	Speiseöl	0,02 €
1 TL	Salz	0,05 €
50 g	Sesamkörner	0,36 €
1 Stück	Ei	0,13 €
	Summe	**0,84 €**

Zubereitung

Mehl mit zerbröckelter Hefe, Zucker, Öl, etwa 400 ml Wasser und Salz zu einem weichen Teig verarbeiten. Gründlich kneten (ca. 8 Minuten!). In einer leicht eingeölten Schüssel etwa 1 ½ Stunden gehen lassen. Dann den Teig auf eine bemehlte Arbeitsfläche legen und halbieren (bei einer größeren Menge in entsprechend mehr Portionen teilen). Die Teigstücke in eine ovale Form bringen. Mit einem Geschirrtuch bedeckt 20 Minuten ruhen lassen. Die Fladen auf ein mit Backpapier belegtes (oder eingeöltes) Blech legen. Das Ei trennen. Eigelb mit ca. ¼ Liter Wasser verrühren. Damit die Teigoberfläche bestreichen. Die Fladen mit den Fingerspitzen tief eindrücken (bis fast kleine Löcher entstehen). Mit Sesamkörnern bestreuen. Weitere 20 Minuten ruhen lassen. Im auf 250 Grad vorgeheizten Backofen etwa 7–9 Minuten backen.

Suppen und Eintöpfe

Die perfekte Ergänzung zu einem kalten Büfett! Eine warme Suppe oder ein kräftiger Eintopf stärkt die Feiernden nicht nur zu später Stunde.

Chili con Carne

Menge	Zutaten	Preis
1250 g	gemischtes Hackfleisch	5,91 €
100 ml	Speiseöl	0,10 €
300 g	Zwiebeln	0,30 €
6 Zehen	Knoblauch	0,12 €
200 g	Tomatenmark	0,49 €
4 Dosen	gesch. Tomaten (425 ml)	1,40 €
1 Prise	Salz	0,05 €
1 Prise	Pfeffer	0,05 €
6 TL	Brühe (Instant)	0,12 €
2 Dosen	Kidneybohnen (425 ml)	0,70 €
3 Dosen	weiße Bohnen (500 ml)	4,77 €
7 Stück	Chilischoten	0,20 €
500 g	Reis	0,49 €
	Summe	**14,70 €**

Zubereitung

Hackfleisch im heißen Öl scharf anbraten. Zwiebeln und Knoblauch schälen, fein würfeln und zugeben. Tomatenmark hinzufügen und kurz anrösten. Tomaten zerkleinern und mit dem Saft zum Fleisch geben. Salzen und pfeffern. Bei geringer Hitze etwa 1–1 ½ Stunden schmoren. Dabei nach und nach zubereitete Brühe zugeben. Kidneybohnen und weiße Bohnen abgießen und hinzufügen. Chilischoten klein schneiden, dabei die Kerne entfernen. Einmal aufkochen und mit Salz abschmecken. Als Beilage kann Reis oder auch Brot gereicht werden.

Sibylles bäuerlicher Möhreneintopf

Menge	Zutaten	Preis
2 kg	Schweinegulasch	11,16 €
100 g	Margarine	0,13 €
2 TL	Paprikapulver edelsüß	0,10 €
1 Prise	Salz	0,05 €
1 Prise	Pfeffer	0,05 €
500 g	Zwiebeln	0,50 €
100 g	Tomatenmark	0,25 €
5 TL	Brühe (Instant)	0,10 €
1 ½ kg	Möhren	1,28 €
2 kg	Kartoffeln	1,80 €
2 TL	Speisestärke	0,02 €
2 Bund	Petersilie	1,18 €
	Summe	**16,62 €**

Zubereitung

Das Fleisch, falls nötig, in kleinere Stücke schneiden und in Margarine scharf anbraten. Mit Paprikapulver, Salz und Pfeffer würzen. Zwiebeln schälen, in Scheiben schneiden und zugeben. Tomatenmark unterrühren und mit zubereiteter Brühe aufgießen. Möhren und Kartoffeln schälen, würfeln und hinzufügen. Bei geringer Hitze etwa 45 Minuten köcheln lassen. Mit Speisestärke (oder Mehl) andicken. Petersilie waschen, hacken und untermischen.

Friesische Gulaschsuppe

Menge	Zutaten	Preis
1 kg	Rindergulasch	6,99 €
800 g	Zwiebeln	0,79 €
100 ml	Speiseöl	0,10 €
4 TL	Paprikapulver edelsüß	0,20 €
200 g	Tomatenmark	0,49 €
1 Prise	Salz	0,05 €
1 Prise	Pfeffer	0,05 €
1 TL	getr. Majoran	0,11 €
5 Zehen	Knoblauch	0,10 €
300 g	Paprika rot	0,75 €
300 g	Tomaten	0,30 €
500 g	Kartoffeln	0,45 €
4 Dosen	Champignons (à 314 ml)	1,96 €
4 Dosen	gesch. Tomaten (425 ml)	1,40 €
4 Stück	Baguette (Aufback)	1,16 €
	Summe	**14,90 €**

Zubereitung

Rindergulasch, wenn nötig, in kleinere Stücke schneiden. Zwiebeln schälen und hacken. In erhitztem Öl anschwitzen und mit Paprikapulver bestreuen. Gulasch hinzugeben und anbraten. Tomatenmark zufügen, mit Salz, Pfeffer und Majoran würzen. Bei mittlerer Hitze und mit geschlossenem Deckel etwa 1 Stunde garen. Falls nötig, etwas Wasser angießen. Knoblauch schälen und fein hacken. Paprika und Tomaten waschen und würfeln. Kartoffeln schälen und ebenfalls würfeln. Gemüse mit dem Knoblauch, Champignons und geschälten Tomaten zum Fleisch geben. So lange schmoren, bis das Gemüse gar ist. Mit Salz und Pfeffer abschmecken. Dazu Baguette reichen.

Funghi-Partysuppe

Menge	Zutaten	Preis
1 kg	Thüringer Mett	3,98 €
25 g	Margarine	0,03 €
1 Prise	Salz	0,05 €
1 Prise	Pfeffer	0,05 €
1 TL	Paprikapulver scharf	0,05 €
100 g	Zwiebeln	0,10 €
6 Zehen	Knoblauch	0,12 €
100 g	Tomatenmark	0,25 €
6 TL	Brühe (Instant)	0,12 €
2 Dosen	gesch. Tomaten (425 ml)	0,70 €
200 g	Paprika rot	0,50 €
200 g	Paprika grün	0,50 €
200 g	Paprika gelb	0,50 €
2 Dosen	Champignons (à 314 ml)	0,98 €
100 g	Schmelzkäse	0,40 €
200 g	Crème fraîche	0,42 €
4 Stück	Baguette (Aufback)	1,16 €
	Summe	**9,91 €**

Zubereitung

Thüringer Mett in Margarine anbraten. Mit Salz, Pfeffer und Paprikapulver würzen. Zwiebeln und Knoblauch schälen und fein hacken. Mit Tomatenmark hinzugeben und anschwitzen. Mit ca. 3 Liter zubereiteter Brühe aufgießen. Geschälte Tomaten einrühren. Paprika waschen und in kleine Würfel schneiden. Mit den Champignons dazugeben. Bei geringer Hitze köcheln lassen, bis die Paprika gar sind (10-15 Minuten). Schmelzkäse und Crème fraîche unterrühren. Mit Salz und Pfeffer abschmecken. Dazu Baguette reichen.

Dalmatinischer Gulascheintopf mit Reis

Menge	Zutaten	Preis
1 kg	Schweinegulasch	5,58 €
800 g	Zwiebeln	0,79 €
400 g	Paprika rot	1,00 €
400 g	Paprika grün	1,00 €
2 Bund	Suppengrün	2,38 €
4 Dosen	gesch. Tomaten (425 ml)	1,40 €
200 ml	Speiseöl	0,19 €
800 g	Reis	0,78 €
5 TL	Brühe (Instant)	0,10 €
6 Zehen	Knoblauch	0,12 €
200 g	Naturjoghurt	0,16 €
1 Prise	Salz	0,05 €
1 Prise	Pfeffer	0,05 €
	Summe	**13,60 €**

Zubereitung

Gulasch, falls nötig, in kleinere Stücke schneiden. Zwiebeln schälen und hacken. Paprika waschen und in schmale Streifen schneiden. Suppengrün putzen und klein schneiden. Fleisch und Zwiebeln in einem Topf in etwas Öl anbraten. Inzwischen in einem zweiten Topf Reis in Öl glasig andünsten, mit zubereiteter Brühe ablöschen und ca. 5 Minuten kochen. Gemüse, Suppengrün, geschälte Tomaten sowie geschälte und zerdrückte Knoblauchzehen zum Fleisch geben. Kurz andünsten und mit der vorbereiteten Reisbrühe aufgießen. Joghurt dazugeben und mit Salz und Pfeffer würzen. Bei mittlerer Hitze ca. 2 Stunden köchelnd garen. Nochmals abschmecken.

Holländisches Reisfleisch

Menge	Zutaten	Preis
800 g	Schweineschulter	3,99 €
160 g	Butter	0,67 €
300 g	Zwiebeln	0,30 €
500 g	Reis	0,49 €
2 TL	Paprikapulver	0,10 €
1 Prise	Salz	0,05 €
1 Prise	Pfeffer	0,05 €
5 TL	Brühe (Instant)	0,10 €
400 g	Paprika grün	1,00 €
600 g	Tomaten	0,59 €
2 Dosen	Champignons (à 314 ml)	0,98 €
500 g	Gouda am Stück	2,25 €
	Summe	**10,57 €**

Zubereitung

Schweinefleisch in 2 cm große Würfel schneiden und in Butter scharf anbraten. Zwiebeln schälen, halbieren und in dünne Scheiben schneiden. Zufügen und anschwitzen. Reis, Paprikapulver und Salz kurz mit anrösten. Mit zubereiteter Brühe auffüllen. Paprika waschen und in Streifen schneiden. Tomaten waschen und achteln. Mit den Champignons nach ca. 15 Minuten zufügen und in ca. 8–10 Minuten bei geringer Hitze garen. Gouda in Würfel schneiden und untermischen. Abschmecken und servieren.

Lienzer Krochn-Suppe

Menge	Zutaten	Preis
500 g	Schweinegulasch	2,79 €
400 g	Rindergulasch	2,80 €
5 EL	Speiseöl	0,05 €
200 g	Zwiebeln	0,20 €
1 Prise	Salz	0,05 €
1 Prise	Pfeffer	0,05 €
3 TL	Paprikapulver edelsüß	0,15 €
50 g	Tomatenmark	0,12 €
100 g	Mehl	0,03 €
5 TL	Brühe (Instant)	0,10 €
375 ml	Rotwein	0,45 €
1 Dose	Mais (à 425 ml)	0,48 €
2 Stangen	Porree	0,50 €
400 g	Tomaten	0,40 €
200 g	Sahne	0,37 €
	Summe	**8,54 €**

Zubereitung

Rinder- und Schweinefleisch in kleine Streifen schneiden. In einer Pfanne im Öl portionsweise anbraten. Fleisch in einen großen Topf geben und erhitzen. Zwiebeln schälen, hacken und dazugeben. Mit Salz, Pfeffer und Paprikapulver würzen und kurz mitrösten (nicht zu lange, Paprikapulver wird sonst bitter). Tomatenmark unterrühren, Mehl darüberstäuben und kurz anrösten. 2 Liter zubereitete Brühe und Rotwein hinzugießen. Zum Kochen bringen und bei mittlerer Hitze etwa 25 Minuten garen. In der Zwischenzeit Mais in einem Sieb abtropfen lassen. Porree putzen, die Stangen längs halbieren, gründlich waschen und in Streifen schneiden. Tomaten waschen, kreuzweise einschneiden und kurz in kochendes Wasser legen. Dann enthäuten, entkernen und achteln. Die vorbereiteten Zutaten zum Fleisch geben und etwa 5 Minuten kochen. Die Sahne hinzufügen und nochmals abschmecken.

Sabines Gyros-Suppe

Menge	Zutaten	Preis
200 g	Zwiebeln	0,20 €
6 Zehen	Knoblauch	0,12 €
100 g	Tomaten	0,10 €
200 g	Paprika rot	0,50 €
200 g	Paprika grün	0,50 €
1 ½ kg	Schweinegeschnetzeltes Gyrosart	7,17 €
5 EL	Speiseöl	0,05 €
100 g	Tomatenmark	0,25 €
50 g	Gyrosgewürz	0,38 €
1 Prise	Salz	0,05 €
1 Prise	Pfeffer	0,05 €
6 TL	Brühe (Instant)	0,12 €
2 Dosen	Mais (à 425 ml)	0,96 €
2 Dosen	Champignons (à 314 ml)	0,98 €
50 g	Soßenbinder	0,10 €
400 g	Crème fraîche	0,84 €
200 g	Sahne	0,37 €
	Summe	**12,74 €**

Zubereitung

Zwiebeln und Knoblauch schälen und hacken. Tomaten und Paprika waschen und in kleine Stücke schneiden. Das Fleisch in Öl scharf anbraten. Zwiebel- und Knoblauchwürfel dazugeben. Tomatenmark unterrühren und kurz anrösten. Das Gemüse zufügen, kurz anbraten und mit Gyrosgewürz, Salz und Pfeffer würzen. Mit der vorbereiteten Brühe aufgießen. Mais und Champignons abtropfen lassen und unterrühren. 5 Minuten köcheln lassen, dann die Suppe mit Soßenbinder andicken. Crème fraîche und Sahne unterrühren. Jetzt nicht mehr aufkochen lassen. Nochmals abschmecken.

Ammerländer Kartoffelsuppe

Menge	Zutaten	Preis
1 kg	Kartoffeln	0,90 €
150 g	Zwiebeln	0,15 €
500 g	Möhren	0,43 €
300 g	Rosenkohl	0,30 €
250 g	Paprika rot	0,62 €
5 EL	Speiseöl	0,05 €
6 TL	Brühe (Instant)	0,12 €
2 Stück	Eier	0,26 €
200 g	Sahne	0,37 €
1 Prise	Majoran	0,11 €
1 Prise	Salz	0,05 €
1 Prise	Pfeffer	0,05 €
1 Bund	Petersilie	0,59 €
300 g	durchwachsener Speck	1,29 €
2 Bund	Schnittlauch	1,18 €
	Summe	**6,47 €**

Zubereitung

Kartoffeln und Zwiebeln schälen, Gemüse putzen. Alles sehr klein schneiden und in einem Suppentopf in Öl anbraten, bis die Zwiebeln glasig ist. Mit zubereiteter Brühe aufgießen. Etwa 30 Minuten köcheln lassen. Eier trennen. Eigelb und Sahne verquirlen und in die Suppe rühren, dann die Hitze klein stellen. Die Gewürze und gehackte Petersilie zugeben. Speck in Würfel schneiden und in einer Pfanne auslassen. Schnittlauch in kleine Röllchen schneiden. Über die Suppe streuen und den Speck darübergeben.

Ländliche Erbsensuppe

Menge	Zutaten	Preis
750 g	getr. Erbsen	1,49 €
300 g	durchwachsener Speck	1,29 €
4 TL	Brühe (Instant)	0,08 €
150 g	Zwiebeln	0,15 €
2 Bund	Suppengrün	2,38 €
400 g	Kartoffeln	0,36 €
250 g	Möhren	0,21 €
5 g	Lorbeerblätter	0,10 €
8 Stück	Mettwürstchen (600 g)	2,98 €
1 Prise	Salz	0,05 €
1 Prise	Pfeffer	0,05 €
2 EL	Essig	0,01 €
	Summe	**9,15 €**

Zubereitung

Erbsen über Nacht in 3 Liter Wasser einweichen. In dem Einweichwasser gar kochen (ca. 90 Minuten). Nach 45 Minuten den Speck (am Stück) sowie 1 Liter vorbereitete Brühe zufügen. Zwiebeln schälen, würfeln und dazugeben. Suppengrün putzen und waschen, Möhren und Kartoffeln schälen, aber nicht in Stücke schneiden. Nach einer Stunde Kochzeit das Gemüse mit Lorbeerblättern in die Suppe geben. Etwa 15 Minuten vor Ende der Garzeit den Speck herausnehmen und in Stücke schneiden. Mit den Mettwürstchen wieder in die Suppe geben. Lorbeerblätter entfernen. Kartoffeln und Möhren herausnehmen und stampfen. Wieder in die Suppe rühren und mit Salz, Pfeffer und Essig würzen.

Grillen – das Sommervergnügen

WAS GIBT ES SCHÖNERES, als an einem Sommerabend mit seinen Gästen draußen zu feiern? Zum Grillen eignen sich Schwein, Rind und Geflügel. Auch Fisch schmeckt köstlich, wobei es ratsam ist, ihn in Alufolie zu wickeln, damit er schön zart bleibt.

VOR ALLEM IN DER GRILLSAISON bieten die Discounter viele Sonderangebote an, oft in Großpackungen. Am besten wählen Sie unterschiedliche Sorten, zum Beispiel Würstchen, Koteletts, Bauchspeck und Spareribs.

ALS GETRÄNK empfiehlt sich neben Wasser und Säften ein zünftiges Bier, am besten vom Fass. Auf jeden Fall sollte es schön kalt sein!

Und falls Sie nicht selbst die ganze Zeit hinter dem Grill stehen wollen, sollten Sie vorab ein, zwei Gäste bitten, Ihnen zu helfen. Denn alles, was auf dem Grill liegt, muss im Auge behalten werden, weil schnell etwas anbrennen kann.

Marinaden

Mit diesen Marinaden können Sie Fleisch und Geflügel, das Sie grillen möchten, einen besonderen Geschmack verleihen. Einfach das Grillgut hineinlegen und mehrere Stunden an einem kalten Ort ziehen lassen, dabei ab und an wenden. WICHTIG: Das Grillgut sorgfältig abtupfen, bevor Sie es auf den Rost legen, weil sich vor allem herabtropfendes Öl entzünden kann.

Grillsteak-Marinade

Menge	Zutaten	Preis
200 g	Zwiebeln	0,20 €
300 ml	Speiseöl	0,30 €
5 EL	Essig	0,02 €
50 g	Senf	0,12 €
8 Zehen	Knoblauch	0,16 €
1 TL	Oregano	0,15 €
1 Prise	Salz	0,05 €
1 Prise	Pfeffer	0,05 €
1 Bund	Petersilie	0,59 €
	Summe	**1,64 €**

Zubereitung

Geschälte Zwiebeln reiben und in eine große Schüssel geben. Öl, Essig und Senf dazugeben und verrühren. Knoblauch schälen, fein hacken und mit den Gewürzen in die Soße rühren. Kräftig salzen und pfeffern. Zuletzt die gehackte Petersilie unterziehen.

Süß-scharfe Marinade für Geflügel

Menge	Zutaten	Preis
150 g	Honig	0,69 €
150 g	Senf	0,37 €
100 g	Tomatenmark	0,25 €
1 TL	Chilipfeffer	0,30 €
1 TL	Paprikapulver edelsüß	0,10 €
1 Prise	Salz	0,05 €
	Summe	**1,76 €**

Zubereitung

Honig, Senf und Tomatenmark verrühren. Chili- und Paprikapulver nach Geschmack hinzufügen und mit Salz abschmecken.

Senf-Knoblauch-Marinade für Fleisch

Menge	Zutaten	Preis
100 ml	Essig	0,04 €
500 ml	Speiseöl	0,48 €
150 g	Senf	0,37 €
1 Knolle	Knoblauch	0,25 €
1 TL	Basilikum	0,16 €
1 TL	Estragon	0,10 €
1 TL	Paprikapulver	0,10 €
1 Prise	Salz	0,05 €
	Summe	**1,55 €**

Zubereitung

Essig, Öl und Senf verrühren. Knoblauchzehen abziehen und in die Marinade pressen. Gewürze hinzufügen und alles kräftig verrühren.

Orangen-Zitronen-Marinade für Fisch und Geflügel

Menge	Zutaten	Preis
900 ml	Speiseöl	0,86 €
3 Stück	Zitronen	0,99 €
3 Stück	Orangen	0,85 €
1 TL	Oregano	0,18 €
1 TL	Basilikum	0,16 €
1 Prise	Salz	0,05 €
1 Prise	Pfeffer	0,05 €
	Summe	**3,14 €**

Zubereitung

Das Öl mit dem Saft der Zitronen und Orangen verrühren. Mit Oregano, Basilikum, Salz und Pfeffer würzen.

Knoblauch-Paprika-Marinade für Geflügel und Fisch

Menge	Zutaten	Preis
1 Knolle	Knoblauch	0,25 €
3 Stück	Zitronen (unbehandelt)	0,99 €
400 ml	Speiseöl	0,40 €
1 TL	Thymian	0,12 €
1 TL	Paprikapulver	0,10 €
1 Prise	Salz	0,05 €
1 Prise	Pfeffer	0,05 €
	Summe	**1,96 €**

Zubereitung

Knoblauch abziehen und sehr fein hacken. Saft der Zitronen mit Öl und Knoblauch vermischen. Ein wenig Zitronenschale hinzuraspeln. Mit Thymian, Paprikapulver, Salz und Pfeffer würzen.

Soßen und Buttermischungen

Die perfekte Ergänzung zu gegrilltem Fleisch und Geflügel!

Zigeunersoße

Menge	Zutaten	Preis
300 g	Zwiebeln	0,30 €
5 EL	Speiseöl	0,05 €
150 g	Tomaten	0,15 €
500 g	Paprika rot	1,25 €
100 g	Tomatenmark	0,25 €
2 EL	Mehl	0,01 €
1 EL	Brühe (Instant)	0,04 €
1 Prise	Salz	0,05 €
1 Prise	Pfeffer	0,05 €
½ Dose	Mais	0,24 €
150 g	Silberzwiebeln	0,45 €
1 EL	Paprikapulver	0,10 €
2 ½ EL	Zucker	0,02 €
	Summe	**2,96 €**

Zubereitung

Zwiebeln schälen, in Scheiben schneiden und im heißen Öl anschwitzen. Tomaten vierteln, Paprika in Streifen schneiden und zufügen. Unter Rühren andünsten. Tomatenmark einrühren und mit Mehl bestäuben. Mit vorbereiteter Brühe auffüllen, salzen, pfeffern und ½ Stunde köcheln lassen. Abgetropften Mais und Silberzwiebeln dazugeben. Mit Paprikapulver und Zucker würzen und nochmals abschmecken. Abkühlen lassen.

Currysoße

Menge	Zutaten	Preis
250 g	Zwiebeln	0,25 €
1 EL	Speiseöl	0,01 €
2 TL	Currypulver	0,11 €
2 EL	Mehl	0,01 €
1 EL	Brühe (Instant)	0,03 €
200 g	Sahne	0,37 €
1 Prise	Salz	0,05 €
1 Prise	Pfeffer	0,05 €
2 EL	Zitronensaft	0,05 €
	Summe	**0,93 €**

Zubereitung

Zwiebeln schälen und würfeln. In Öl glasig anschwitzen. Curry und Mehl zugeben und kurz anrösten. Mit vorbereiteter Brühe und Sahne ablöschen und ca. 5 Minuten leicht köcheln lassen. Mit Salz, Pfeffer und Zitronensaft abschmecken. Abkühlen lassen.

Barbecue-Soße

Menge	Zutaten	Preis
150 g	Paprika rot	0,37 €
150 g	Paprika gelb	0,37 €
1 Bund	Frühlingszwiebeln	0,39 €
100 g	Zwiebeln	0,10 €
1 Dose	gesch. Tomaten (850 ml)	0,70 €
1 Prise	Salz	0,05 €
1 Prise	Pfeffer	0,05 €
2 TL	Currypulver	0,11 €
	Summe	**2,14 €**

Zubereitung

Paprika waschen und sehr fein würfeln. Frühlingszwiebeln putzen, in feine Ringe schneiden und mit den Paprikawürfeln vermischen. Zwiebeln schälen, fein hacken und dazugeben. Tomaten pürieren, hinzufügen und alles gründlich verrühren. Mit Salz, Pfeffer und Curry pikant würzen.

Louisiana Hot-Chili-Soße

Menge	Zutaten	Preis
100 g	Zwiebeln	0,10 €
100 ml	Speiseöl	0,10 €
7 Stück	Chilischoten	0,20 €
5 Zehen	Knoblauch	0,10 €
250 ml	Essig	0,10 €
1 Prise	Salz	0,05 €
	Summe	**0,65 €**

Zubereitung

Zwiebeln schälen und fein würfeln. Im Öl anschwitzen. Chilischoten fein hacken. Knoblauchzehen abziehen und ebenfalls fein hacken. Beides mit dem Essig dazugeben. Salzen und 5 Minuten köcheln lassen. Die Soße abkühlen lassen. Dann in der Küchenmaschine oder mit einem Stabmixer glatt pürieren. In ein Glasgefäß füllen und im Kühlschrank, wenn möglich, einige Tage ziehen lassen.

Knoblauchsoße

Menge	Zutaten	Preis
100 g	Zwiebeln	0,10 €
1 Bund	Schnittlauch	0,59 €
250 g	Miracel Whip	0,95 €
200 g	Naturjoghurt	0,16 €
10 Zehen	Knoblauch	0,20 €
1 Prise	Salz	0,05 €
1 Prise	Pfeffer	0,05 €
	Summe	**2,10 €**

Zubereitung

Zwiebeln schälen und sehr fein hacken. Schnittlauch waschen und in feine Röllchen schneiden. Miracel Whip mit Joghurt verrühren. Zwiebeln und Schnittlauch dazugeben. Knoblauch abziehen, in die Soße pressen und unterrühren. Mit Salz und Pfeffer abschmecken und ziehen lassen.

Sour Creme

Menge	Zutaten	Preis
1 kg	Quark	1,48 €
400 g	Crème fraîche	0,84 €
5 EL	Essig	0,02 €
100 g	Zwiebeln	0,10 €
5 Zehen	Knoblauch	0,10 €
50 g	Kräutermischung (TK)	0,55 €
2 EL	Zucker	0,01 €
1 Prise	Salz	0,05 €
1 Prise	Pfeffer	0,05 €
	Summe	**3,20 €**

Zubereitung

Quark mit Crème fraîche und Essig kräftig verrühren. Zwiebeln schälen, sehr fein hacken und dazugeben. Knoblauchzehen abziehen und in die Soße pressen. Kräuter hinzufügen. Mit Zucker, Salz und Pfeffer abschmecken. Mindestens 1 Stunde kalt stellen.

Schnittlauch-Knoblauch-Butter

Menge	Zutaten	Preis
250 g	Butter	1,05 €
1 Bund	Schnittlauch	0,30 €
10 Zehen	Knoblauch	0,20 €
1 Prise	Salz	0,05 €
1 Prise	Pfeffer	0,05 €
	Summe	**1,65 €**

Zubereitung

Butter etwas weich werden lassen. Schnittlauch waschen, in feine Röllchen schneiden und in die Butter einrühren. Knoblauchzehen abziehen, zur Butter pressen und verrühren. Mit Salz und Pfeffer abschmecken. Im Kühlschrank fest werden lassen.

Italienische Tomatenbutter

Menge	Zutaten	Preis
250 g	Butter	1,05 €
150 g	getr. Tomaten	1,99 €
50 g	Kräutermischung (TK)	0,55 €
50 g	Parmesan (1 Tüte)	0,60 €
1 Prise	Salz	0,05 €
1 Prise	Pfeffer	0,05 €
	Summe	**4,29 €**

Zubereitung

Butter etwas weich werden lassen. Getrocknete Tomaten klein schneiden und mit den Kräutern sowie dem Parmesankäse in die weiche Butter rühren. Mit Salz und Pfeffer abschmecken. Im Kühlschrank fest werden lassen.

Kräuterbutter

Menge	Zutaten	Preis
250 g	Butter	0,53 €
50 g	Kräutermischung (TK)	0,55 €
1 Prise	Salz	0,05 €
1 Prise	Pfeffer	0,05 €
1 TL	Currypulver	0,05 €
	Summe	**1,23 €**

Zubereitung

Butter etwas weich werden lassen. Kräuter mit der Butter vermischen. Mit Salz, Pfeffer und Currypulver abschmecken. Im Kühlschrank fest werden lassen.

Dips

Diese Cremes und Soßen eignen sich wunderbar zum Eintunken von Brot und kleinen Happen.

Paprika-Schafskäse-Dip mit Kräutern

Menge	Zutaten	Preis
150 g	Paprika rot	0,37 €
300 g	Feta-Käse	2,54 €
200 g	Frischkäse	0,47 €
5 EL	Speiseöl	0,05 €
4 Zehen	Knoblauch	0,08 €
50 g	Kräutermischung (TK)	0,55 €
1 TL	Oregano	0,18 €
1 Prise	Salz	0,05 €
1 Prise	Pfeffer	0,05 €
	Summe	**4,34 €**

Zubereitung

Paprika waschen und in kleine Würfel schneiden. Feta-Käse fein würfeln. Beides mit Frischkäse und Öl mit dem Stabmixer zu einer cremigen Masse verrühren. Knoblauchzehen abziehen und durchgepresst hinzufügen. Kräuter dazugeben und mit Salz und Pfeffer abschmecken. Kalt stellen.

Hochalm-Schafskäse-Dip

Menge	Zutaten	Preis
400 g	Feta-Käse	3,38 €
500 g	Naturjoghurt	0,39 €
100 g	Sahne	0,19 €
4 Zehen	Knoblauch	0,08 €
50 g	Kräutermischung (TK)	0,55 €
1 Prise	Salz	0,05 €
1 Prise	Pfeffer	0,05 €
1 EL	Zucker	0,01 €
	Summe	**4,70 €**

Zubereitung

Feta-Käse in kleine Würfel schneiden. Mit Joghurt und Sahne vermischen. Die Knoblauchzehen abziehen und durchgepresst dazugeben. Kräuter zufügen. Mit Salz, Pfeffer und etwas Zucker abschmecken.

Schneller Kräuter-Dip

Menge	Zutaten	Preis
500 g	Quark	0,74 €
100 g	Sahne	0,19 €
150 ml	Milch	0,09 €
100 g	Kräutermischung (TK)	1,10 €
1 Prise	Salz	0,05 €
1 Prise	Pfeffer	0,05 €
	Summe	**2,22 €**

Zubereitung

Quark mit Sahne, Milch und den Kräutern verrühren. Mit Salz und Pfeffer würzen.

Porree-Knoblauch-Dip

Menge	Zutaten	Preis
400 g	Sahne	0,74 €
2 Stangen	Porree	0,50 €
10 Zehen	Knoblauch	0,20 €
1 kg	Quark	1,48 €
200 g	saure Sahne	0,31 €
1 Prise	Salz	0,05 €
25 g	Kräutermischung (TK)	0,28 €
	Summe	**3,56 €**

Zubereitung

Sahne steif schlagen und beiseitestellen. Porree putzen, waschen und in feine Ringe schneiden. Knoblauch abziehen und sehr fein hacken. Quark mit saurer Sahne verrühren. Porree und Knoblauch dazugeben. Steif geschlagene Sahne unterheben und salzen. Ein feines Sieb in einen Topf hängen, die Masse dort hineingeben und 1 bis 2 Stunden kalt stellen. Die Masse verliert dabei Flüssigkeit und wird sehr aromatisch. Vor dem Servieren mit Kräutern bestreuen.

Finnischer Lachs-Käse-Dip

Menge	Zutaten	Preis
250 g	Quark	0,37 €
200 g	Frischkäse	0,47 €
200 g	Räucherlachs	2,99 €
50 g	Sahne	0,09 €
1 EL	Zitronensaft	0,02 €
1 Prise	Salz	0,05 €
	Summe	**3,99 €**

Zubereitung

Quark mit Frischkäse verrühren. Lachs in kleine Stücke schneiden und mit der Sahne zur Quark-Käse-Creme geben. Kräftig verrühren (oder in der Küchenmaschine durchmixen). Mit dem Zitronensaft und Salz abschmecken. Kalt stellen.

Afrikanischer Bananen-Curry-Dip

Menge	Zutaten	Preis
300 g	Naturjoghurt	0,23 €
200 g	Miracel Whip	0,76 €
2 Stück	Bananen	0,36 €
1 Stück	Zitrone	0,33 €
50 g	Honig	0,23 €
2 TL	Currypulver	0,11 €
1 Prise	Salz	0,05 €
	Summe	**2,07 €**

Zubereitung

Joghurt und Miracel Whip vermengen. Die Bananen (möglichst reife) schälen, mit einer Gabel zerdrücken und hinzufügen. Saft der Zitrone mit Honig mischen und dazugeben. Mit Curry und Salz würzen. Kalt stellen.

Heidis Spunte-Käs

Menge	Zutaten	Preis
400 g	Frischkäse	0,94 €
500 g	Quark	0,74 €
8 Zehen	Knoblauch	0,16 €
100 g	Sahne	0,19 €
1 Prise	Salz	0,05 €
1 Prise	Pfeffer	0,05 €
2 Stangen	Porree	0,50 €
2 TL	Paprikapulver	0,10 €
	Summe	**2,73 €**

Zubereitung

Frischkäse und Quark verrühren. Geschälten Knoblauch dazupressen. Sahne unterrühren. Mit Salz und Pfeffer abschmecken. Porree putzen, waschen und in sehr feine Ringe schneiden. Auf dem Käse verteilen (nicht unterheben). Mit Paparikapulver bestreut servieren.

Stockbrot

Menge	Zutaten	Preis
1 ½ kg	Mehl	0,38 €
2 Würfel	Hefe (à 42 g)	0,18 €
250 ml	Milch	0,15 €
2 ½ EL	Zucker	0,02 €
1 Prise	Salz	0,05 €
	Summe	**0,78 €**

Zubereitung

Aus Mehl, Hefe, Milch und 500 ml Wasser einen geschmeidigen Teig kneten. An einem warmen Ort zugedeckt ½ Stunde gehen lassen. Den Teig in Portionen spiralförmig um einen mit Alufolie umwickelten Stock legen. An einem offenen Lagerfeuer abbacken. Sehr beliebt bei Kindern!

Familienfeste und Feiertage

AUS FESTLICHEN SUPPEN, HAUPTSPEISEN UND NACHSPEISEN können Sie in diesem Kapitel ganz nach Belieben ein dreigängiges Menü zusammenstellen. Zugegeben, manche Gerichte sind nicht ganz billig, doch wenn man beispielsweise die Kosten für einen selbst zubereiteten Rehbraten durch die Anzahl der Personen, also acht, teilt, liegt man weit unter dem Preis, den man in einem Restaurant zahlen müsste.

MANCHE REZEPTE ENTHALTEN AUCH BEILAGEN ODER EMPFEHLUNGEN. Aber natürlich können Sie auch ein anderes Gemüse servieren oder statt Kartoffeln beispielsweise Spätzle reichen, wenn es denn passt.

DAS MENÜ KANN SOWOHL ZU MITTAG ALS AUCH AM ABEND SERVIERT WERDEN. Holen Sie eine schöne Tischdecke, gutes Geschirr und die edlen Gläser hervor, dekorieren Sie den Tisch – und die festliche Stimmung wird sich von selbst einstellen!

1. Gang: Festliche Suppen

Bamberger Frühlingssuppe

Menge	Zutaten	Preis
400 g	Zwiebeln	0,40 €
1 kg	gemischtes Hackfleisch	4,73 €
6 EL	Speiseöl	0,06 €
8 Dosen	gesch. Tomaten (425 ml)	2,80 €
4 Bund	Suppengrün	4,76 €
400 g	Reis	0,39 €
400 g	Spiralnudeln	0,31 €
1 Prise	Salz	0,05 €
1 Prise	Pfeffer	0,05 €
8 EL	Zitronensaft	0,20 €
	Summe	**13,75 €**

Zubereitung

Zwiebeln schälen und fein hacken. In heißem Öl mit dem Hackfleisch anrösten. Geschälte Tomaten etwas zerdrücken und dazugeben. (Falls nötig, etwas Wasser hinzufügen.) Suppengrün putzen, waschen und klein schneiden. Mit dem gewaschenen Reis dazugeben und etwa 20 Minuten leicht köcheln lassen. Dann die Spiralnudeln unterrühren und weiterköcheln, bis sie gar sind. Öfter umrühren und bei Bedarf noch etwas Wasser beigeben. Mit Salz, Pfeffer und etwas Zitronensaft würzen. Nach Belieben kann die Suppe mit Crème fraîche oder Sahne verfeinert werden.

Selleriecremesuppe mit Räucherlachs

Menge	Zutaten	Preis
800 g	Knollensellerie	0,92 €
60 g	Butter	0,25 €
150 g	Zwiebeln	0,15 €
6 TL	Brühe (Instant)	0,12 €
400 g	Sahne	0,74 €
1 Prise	Salz	0,05 €
1 Prise	Pfeffer	0,05 €
1 Prise	Muskat	0,05 €
2 ½ EL	Zitronensaft	0,06 €
200 g	Räucherlachs	2,99 €
15 g	getr. Dillkräuter	0,18 €
	Summe	**5,56 €**

Zubereitung

Knollensellerie schälen, waschen und in Würfel schneiden. In Butter andünsten. Zwiebeln schälen, würfeln, dazugeben und mit andünsten. Mit 1 ½ Liter Brühe aufgießen und 15 Minuten köcheln lassen. Die Suppe pürieren oder durch ein Sieb streichen. Nochmals aufkochen lassen. Die Sahne unterrühren und mit Salz, Pfeffer, Zitronensaft und Muskat abschmecken. Räucherlachs in mundgerechte Stücke schneiden. Suppe in tiefe Teller füllen. Mit Lachs und Dillkräutern garnieren.

Brokkolicremesuppe mit Lachsstreifen

Menge	Zutaten	Preis
200 g	Zwiebeln	0,20 €
1 kg	Brokkoli	1,98 €
50 g	Butter	0,21 €
6 TL	Brühe (Instant)	0,12 €
50 g	Pinienkerne	0,80 €
400 g	Räucherlachs	5,98 €
200 g	Crème fraîche	0,42 €
1 Prise	Salz	0,05 €
1 Prise	Pfeffer	0,05 €
1 Prise	Muskat	0,05 €
	Summe	**9,86 €**

Zubereitung

Zwiebeln abziehen und würfeln. Brokkoli putzen, waschen, in Röschen teilen und dicke Stiele klein schneiden. Butter in einem Kochtopf erhitzen, Zwiebelwürfel andünsten, mit Rinderbrühe ablöschen und aufkochen. Brokkoliröschen und -stiele darin ca. 10 Minuten garen. Nach 5 Minuten einige Brokkoliröschen herausnehmen, unter kaltem Wasser abschrecken und beiseitelegen. Pinienkerne bei mittlerer Hitze in einer Pfanne ohne Fett rösten. Räucherlachs in Streifen schneiden. Brokkoli in der Brühe pürieren, Crème fraîche einrühren und kurz aufkochen lassen. Mit Salz, Pfeffer und Muskat abschmecken. Suppe in tiefe Teller füllen und mit Brokkoliröschen, Pinienkernen und Lachsstreifen garnieren.

Boitzenburger Käsesuppe

Menge	Zutaten	Preis
600 g	Zwiebeln	0,60 €
80 g	Butter	0,34 €
150 g	Mehl	0,04 €
8 TL	Brühe (Instant)	0,16 €
1 Stange	Porree	0,25 €
1 kg	Gouda am Stück	4,49 €
500 g	Sahne	0,93 €
1 Prise	Salz	0,05 €
1 Prise	Pfeffer	0,05 €
8 Stück	Brötchen	1,36 €
	Summe	**8,27 €**

Zubereitung

Zwiebeln schälen und fein würfeln. In Butter andünsten. Mehl zugeben und anschwitzen. 2 Liter Fleischbrühe zubereiten und unter Rühren zugeben. Porree putzen, waschen und in dünne Ringe schneiden. Hinzufügen und weich garen. Käse fein reiben und in der heißen Suppe schmelzen lassen. Sahne hineinrühren und mit Salz und Pfeffer abschmecken. Dazu Brötchen reichen.

Fränkische Lauchsuppe

Menge	Zutaten	Preis
150 g	Zwiebeln	0,15 €
200 g	durchwachsener Speck	0,86 €
60 g	Butter	0,25 €
6 TL	Brühe (Instant)	0,12 €
8 Stangen	Porree	1,99 €
1 Prise	Salz	0,05 €
1 Prise	Pfeffer	0,05 €
5 EL	Mehl	0,02 €
200 ml	Weißwein	0,37 €
100 g	saure Sahne	0,16 €
3 Stück	Eier	0,39 €
50 g	Gouda am Stück	0,90 €
1 Bund	Petersilie	0,59 €
	Summe	**5,90 €**

Zubereitung

Zwiebeln schälen und fein hacken. Speck würfeln. Zwiebelwürfel in Butter 3 Minuten andünsten. Speck dazugeben und weitere 3 Minuten anbraten. Mit ein wenig Brühe ablöschen. Porree putzen, waschen und in Ringe schneiden. Dazugeben und 5 Minuten garen. 1 Liter zubereitete Brühe hinzufügen. Mit Salz und Pfeffer würzen und 15 Minuten bei geringer Hitze ziehen lassen. Mehl mit Weißwein anrühren und die Suppe damit binden. Saure Sahne dazugeben. Eier trennen. Eigelb mit etwas Wasser verquirlen und unterrühren. Käse reiben. Suppe in feuerfeste Suppentassen gießen und mit Käse bestreuen. Im Ofen unter dem Grillrost kurz überbacken. Mit fein gehackter Petersilie bestreuen.

Festliche Tomatencremesuppe

Menge	Zutaten	Preis
150 g	Zwiebeln	0,15 €
3 Zehen	Knoblauch	0,06 €
5 EL	Speiseöl	0,05 €
2 kg	Tomaten	1,98 €
2 TL	Majoran	0,22 €
1 Prise	Salz	0,05 €
1 Prise	Pfeffer	0,05 €
8 TL	Brühe (Instant)	0,16 €
50 g	Tomatenmark	0,12 €
200 g	Crème fraîche	0,42 €
1 Bund	Petersilie	0,59 €
	Summe	**3,85 €**

Zubereitung

Zwiebeln und Knoblauch abziehen und sehr fein würfeln. Im Öl glasig dünsten. Tomaten waschen, in kleine Stücke schneiden und dazugeben. Mit Majoran, Salz und Pfeffer würzen. Bei geschlossenem Deckel 15 Minuten köcheln lassen. 2 Liter kochende Brühe dazugießen und weitere 5 Minuten kochen. Die Suppe durch ein Sieb passieren. Nochmals kurz erhitzen. Tomatenmark dazugeben und abschmecken. In tiefe Teller oder in Suppentassen geben und mit Crème fraîche und gehackter Petersilie garnieren.

Buchstabensuppe mit Huhn

Menge	Zutaten	Preis
300 g	Buchstabennudeln	0,83 €
800 g	Hähnchenbrust	5,02 €
100 ml	Speiseöl	0,10 €
300 g	Möhren	0,26 €
200 g	Paprika rot	0,50 €
200 g	Paprika gelb	0,50 €
4 Stangen	Porree	1,00 €
400 g	Zucchini	0,52 €
8 TL	Brühe (Instant)	0,16 €
1 Prise	Salz	0,05 €
1 Prise	Pfeffer	0,05 €
1 Prise	Muskat	0,05 €
	Summe	**9,04 €**

Zubereitung

Nudeln nach Packungsanweisung bissfest kochen, abgießen und abschrecken. Hähnchenbrust in kleine Stücke schneiden. In der Hälfte des Öls kurz anbraten und beiseitestellen. Möhren schälen und in feine Scheiben schneiden. Paprika waschen, putzen und in feine Streifen schneiden. Porree putzen, waschen und in feine Ringe schneiden. Zucchini waschen und in kleine Stücke schneiden. Das Gemüse im restlichen Öl anschwitzen. Brühe angießen und alles aufkochen. Nudeln und Fleisch hineingeben und erwärmen. Mit Salz, Pfeffer und Muskat würzen.

Türkische Reis-Nudel-Suppe

Menge	Zutaten	Preis
600 g	Paprika rot	1,49 €
600 g	Paprika grün	1,49 €
400 g	Zwiebeln	0,40 €
100 g	Butter	0,42 €
400 g	Tomaten	0,40 €
800 g	Hackfleisch vom Rind	3,60 €
200 g	Tomatenmark	0,49 €
2 Bund	Petersilie	1,18 €
1 Prise	Salz	0,05 €
1 Prise	Pfeffer	0,05 €
4 TL	Brühe (Instant)	0,08 €
300 g	Reis	0,29 €
300 g	Makkaroni	0,77 €
8 EL	Zitronensaft	0,20 €
	Summe	**10,91 €**

Zubereitung

Paprika waschen und sehr fein würfeln. Zwiebeln schälen und hacken. Paprika- und Zwiebelwürfel in einem Topf in Butter andünsten. Tomaten waschen und in kleine Stücke schneiden. Hackfleisch, Tomatenstücke, Tomatenmark, gehackte Petersilie und Salz dazugeben und anbraten. 1 Liter Brühe dazugeben. Kurz aufkochen lassen. Reis und Nudeln hinzugeben und 15–20 Minuten köcheln lassen. Mit Zitronensaft abschmecken und heiß servieren.

Champignonsuppe

Menge	Zutaten	Preis
750 g	frische Champignons	2,97 €
100 g	Zwiebeln	0,10 €
5 EL	Speiseöl	0,05 €
3 Zehen	Knoblauch	0,06 €
250 ml	Weißwein	0,46 €
8 TL	Brühe (Instant)	0,16 €
1 Prise	Salz	0,05 €
1 Prise	Pfeffer	0,05 €
5 EL	Mehl	0,01 €
50 g	Butter	0,21 €
2 Stück	Eier	0,26 €
200 g	saure Sahne	0,31 €
1 Bund	Schnittlauch	0,59 €
	Summe	**5,28 €**

Zubereitung

Champignons putzen und in Scheiben schneiden. Zwiebeln schälen und fein würfeln. Beides in Öl andünsten. Knoblauch abziehen und dazupressen. Mit Weißwein und 2 Litern zubereiteter Brühe ablöschen. Salzen und pfeffern. Etwa 30 Minuten bei geringer Hitze garen. Mehl mit Butter verkneten. Suppe zum Kochen bringen und die Mehlbutter einrühren. Kräftig rühren, damit sich keine Klümpchen bilden. Die Hitze reduzieren. Eier trennen. Eigelb mit saurer Sahne verrühren. In die Suppe einrühren. Schnittlauch in Röllchen schneiden und über die Suppe streuen.

Currysuppe „Hongkong“

Menge	Zutaten	Preis
200 g	Zwiebeln	0,20 €
50 g	Butter	0,21 €
5 EL	Mehl	0,01 €
6 TL	Hühnerbrühe (Instant)	0,12 €
4 TL	Currypulver	0,22 €
1 Prise	Salz	0,05 €
1 Prise	Pfeffer	0,05 €
1 Stück	Zitrone	0,33 €
4 Stück	Eier	0,52 €
200 g	Sahne	0,37 €
2 Stück	Äpfel	0,46 €
200 g	durchwachsener Speck	0,86 €
	Summe	**3,40 €**

Zubereitung

Zwiebeln schälen und in feine Würfel schneiden. In Butter glasig andünsten. Mehl darüberstreuen, kurz anschwitzen lassen und mit 2 Litern Hühnerbrühe ablöschen. Bei geringer Hitze 10 Minuten kochen lassen. Mit Curry, Salz, Pfeffer und dem Saft der Zitrone abschmecken. Eier trennen. In einer Schüssel Eigelb mit Sahne verrühren. Langsam etwas heiße Suppe zufügen und verquirlen. Die Mischung in die Suppe rühren. Sie darf jetzt nicht mehr kochen. Äpfel schälen, reiben und in die Suppe geben. Speck in Streifen schneiden, in einer Pfanne auslassen und vor dem Servieren über die Suppe geben.

Orangen-Möhren-Suppe

Menge	Zutaten	Preis
200 g	gehackte Mandeln	0,98 €
300 g	Zwiebeln	0,30 €
1 ½ kg	Möhren	1,28 €
5 EL	Speiseöl	0,05 €
8 EL	Brühe (Instant)	0,16 €
1 Prise	Salz	0,05 €
1 Prise	Pfeffer	0,05 €
9 Stück	Orangen	2,55 €
50 ml	Zitronensaft	0,13 €
200 g	Sahne	0,37 €
1 Bund	Petersilie	0,59 €
	Summe	**6,51 €**

Zubereitung

Mandeln in einer Pfanne ohne Fett rösten und beiseitestellen. Zwiebeln schälen und hacken. Möhren gründlich waschen und mit der Schale in Stücke schneiden. Zwiebeln und Möhren in Öl andünsten und mit 2 Litern zubereiteter Brühe ablöschen. Salzen und pfeffern. Etwa 10 Minuten köcheln lassen. Orangen schälen, halbieren und klein schneiden. Zu der Suppe geben. Die Suppe pürieren und mit Zitronensaft abschmecken. Etwas Grün von den Karotten hacken und mit den gerösteten Mandeln in die Suppe geben. Sahne steif schlagen. Suppe in tiefe Teller geben. Mit Sahnehäubchen und gehackter Petersilie garnieren.

Blumenkohlcremesuppe

Menge	Zutaten	Preis
2 Stück	Blumenkohl	1,98 €
150 g	Zwiebeln	0,15 €
50 g	Butter	0,21 €
4 TL	Currypulver	0,22 €
8 EL	Gemüsebrühe (Instant)	0,16 €
200 g	Sahne	0,37 €
200 g	Schmelzkäse	0,79 €
1 Prise	Salz	0,05 €
1 Prise	Pfeffer	0,05 €
1 Prise	Muskat	0,05 €
1 Bund	Petersilie	0,59 €
	Summe	**4,62 €**

Zubereitung

Blumenkohl putzen, waschen und in Röschen teilen. Zwiebeln schälen, hacken und in Butter andünsten. Currypulver zugeben und kurz anrösten. Blumenkohlröschen hinzufügen und mit 2 Litern zubereiteter Gemüsebrühe und Sahne ablöschen. Etwa 20 Minuten köcheln lassen. Schmelzkäse unterrühren. Mit Salz, Pfeffer und Muskatnuss würzen. Fein pürieren. Vor dem Servieren mit gehackter Petersilie garnieren.

2. Gang: Hauptspeisen

Gefüllte Babypute mit Rotkohl

Menge	Zutaten	Preis
5 kg	Babypute	19,95 €
1 Prise	Salz	0,05 €
1 Prise	Pfeffer	0,05 €
5 Stück	Äpfel	1,15 €
1 Bund	Petersilie	0,59 €
400 g	Preiselbeeren (Glas)	0,89 €
2 Stück	Eier	0,26 €
5 EL	Speiseöl	0,05 €
2 TL	Hühnerbrühe (Instant)	0,04 €
200 g	Sahne	0,37 €
5 EL	Soßenbinder	0,10 €
3 Dosen	Rotkohl (à 720 ml)	1,35 €
2,5 kg	Kartoffeln	2,38 €
	Summe	**27,23 €**

Zubereitung

Pute waschen und gut trocken tupfen. Sehnen unten am Knochen der Keule lösen und herausziehen. Pute innen mit Salz und Pfeffer würzen. Äpfel waschen, vierteln, entkernen und mit der Schale grob raspeln. Petersilie waschen, hacken und mit den Äpfeln und Preiselbeeren vermengen. Mit Salz und Pfeffer würzen. Eier unterrühren. Pute mit der Apfelmasse füllen. Die Öffnung mit Holzspießchen zustecken, Flügel und Schenkel mit Küchengarn zusammenbinden. Pute mit Öl bepinseln. Mit der Brust nach oben in einen großen Bräter legen. ⅛ Liter Wasser angießen. Bei 180 Grad im Ofen ca. 2 ½ Stunden braten. Nach der Hälfte der Zeit die Pute wenden. Während des Bratens noch einmal ⅛ Liter Wasser angießen. 10 Minuten vor Ende der Bratzeit die Pute mit kaltem Salzwasser bepinseln, damit die Haut kross wird. Pute aus dem Ofen nehmen. Bratenfond mit heißer Brühe ablöschen. In einen Topf gießen, Sahne zugeben und aufkochen. Mit Salz und Pfeffer abschmecken. Soßenbinder einrühren und nochmals kurz aufkochen. Pute mit der Soße servieren. Dazu Rotkohl und Kartoffeln reichen.

Badischer Zwiebelrostbraten

Menge	**Zutaten**	**Preis**
2 kg	Rinderbraten	15,98 €
1 Prise	Salz	0,05 €
1 Prise	Pfeffer	0,05 €
200 g	Senf	0,49 €
100 g	durchwachsener Speck	0,43 €
8 EL	Speiseöl	0,08 €
800 g	Zwiebeln	0,79 €
600 g	saure Sahne	0,93 €
1 ½ kg	Spätzle	2,07 €
	Summe	**20,87 €**

Zubereitung

Das Fleisch mit Pfeffer und Salz würzen und kräftig mit Senf einreiben. Mit Speckscheiben umwickeln. In Öl von allen Seiten anbraten. Zwiebeln schälen, grob hacken und zugeben. Bei geschlossenem Deckel 90 Minuten schmoren lassen. Den Braten herausnehmen. Den Fond mit saurer Sahne andicken und abschmecken. Dazu Spätzle reichen.

Gefüllte Paprikaschoten

Menge	**Zutaten**	**Preis**
1 kg	Paprika rot	2,49 €
200 g	Zwiebeln	0,20 €
1 kg	Tomaten	0,99 €
100 ml	Speiseöl	0,10 €
800 g	gemischtes Hackfleisch	3,78 €
400 g	Feta-Käse	3,38 €
1 Prise	Salz	0,05 €
1 Prise	Pfeffer	0,05 €
6 TL	Gemüsebrühe (Instant)	0,12 €
2 EL	Tomatenmark	0,05 €
200 g	Sahne	0,37 €
3 EL	Mehl	0,01 €
2 TL	Oregano	0,18 €
800 g	Reis	0,78 €
	Summe	**12,55 €**

Zubereitung

Paprika waschen, einen Deckel abschneiden und putzen. Zwiebeln schälen und würfeln. Tomaten waschen. 3 Tomaten halbieren, entkernen und in Würfel schneiden. Etwas Öl in einer Pfanner erhitzen und die Hälfte der gehackten Zwiebeln andünsten. Hackfleisch dazugeben und anbraten. Tomatenwürfel hinzufügen. Feta-Käse würfeln und ebenfalls dazugeben. Salzen und pfeffern. Die Masse in die Paprikaschoten füllen. Übrige Tomaten in Würfel schneiden. Restliches Öl in einem großen Topf erhitzen, die übrigen Zwiebeln darin anschwitzen. Paprika auf die Zwiebeln setzen, Leerräume mit Tomatenwürfeln füllen und zubereitete Gemüsebrühe dazugießen. 50 Minuten bei geringer Hitze garen lassen. Paprikaschoten aus dem Topf nehmen und warm stellen. Garflüssigkeit mit einem Stabmixer pürieren, Tomatenmark unterziehen und zum Kochen bringen. Sahne und Mehl langsam unterrühren. Mit Salz, Pfeffer und Oregano würzen. Dazu Reis servieren.

Schweinefilet in Tomaten-Speck-Mantel

Menge	**Zutaten**	**Preis**
1 ½ kg	Schweinefilet	14,97 €
1 EL	getr. Basilikum	0,32 €
600 g	durchwachsener Speck	2,58 €
1 Bund	Petersilie	0,59 €
300 g	getrocknete Tomaten	3,98 €
100 g	Paniermehl	0,08 €
1 Tüte	geriebener Parmesan (100 g)	1,19 €
200 ml	Olivenöl	0,19 €
1 Prise	Pfeffer	0,05 €
50 g	Butter	0,21 €
1 Prise	Salz	0,05 €
	Summe	**24,21 €**

Zubereitung

Filet in etwa 2 cm dicke Medaillons schneiden. Jeweils 1 Medaillon mit Basilikum einreiben und mit einem 2. Medaillon bedecken. Seitlich mit einer Speckscheibe umwickeln und mit Küchenschnur oder Zahnstochern fixieren. Petersilie waschen und fein hacken. Getrocknete Tomaten ebenfalls hacken. Beides mit Paniermehl, Parmesan, Olivenöl und etwas Pfeffer zu einer Paste mischen. Backofengrill auf 230 Grad vorheizen. Butter in einer Bratpfanne kräftig erhitzen. Medaillons mit Salz und Pfeffer würzen und in die Pfanne geben. Hitze etwas reduzieren und die Medaillons insgesamt 4 Minuten braten, auch an den Speckrändern. In eine feuerfeste Form setzen. Die Würzpaste auf den Medaillons verstreichen und gut andrücken. Die Form auf der zweitobersten Schiene einschieben und unter dem Grill etwa 5 Minuten überbacken. Beilagen nach Wahl.

Rollbraten Cordon Bleu

Menge	Zutaten	Preis
1 ½ kg	Schweineschulter	7,49 €
1 Prise	Salz	0,05 €
1 Prise	Pfeffer	0,05 €
250 g	Quark	0,37 €
150 g	Kochschinken	0,97 €
500 g	Gouda am Stück	2,25 €
100 ml	Speiseöl	0,10 €
4 EL	getr. Rosmarin	0,49 €
150 g	Zwiebeln	0,15 €
6 TL	Brühe (Instant)	0,12 €
	Summe	**12,04 €**

Zubereitung

Fleisch mit einem scharfen Messer Stück für Stück aufschneiden, sodass eine Art Riesenroulade oder Riesenschnitzel daraus wird. Salzen, pfeffern und mit dem Quark bestreichen. Schinken und Käse würfeln und auf den Quark geben. Die Roulade einrollen und mit Küchengarn umwickeln. Mit etwas Öl bestreichen und in Rosmarin wälzen. Restliches Öl in einem Bräter erhitzen und den Braten darin von allen Seiten anbraten. Zwiebeln schälen und grob hacken. Dazugeben und andünsten. Mit so viel Brühe aufgießen, dass der Braten zur Hälfte bedeckt ist. Ca. 1 ½ Stunden bei 200 Grad im Ofen garen, dabei immer wieder mit der Brühe begießen. Zum Servieren mit einem scharfen Messer in Scheiben schneiden.

Hühnerfrikassee

Menge	Zutaten	Preis
3 kg	Suppenhuhn	5,97 €
3 Dosen	Champignons (à 314 ml)	1,47 €
200 g	Butter	0,84 €
100 g	Mehl	0,03 €
400 g	Sahne	0,74 €
2 Stück	Zitronen	0,66 €
6 TL	Hühnerbrühe (Instant)	0,12 €
600 ml	Weißwein	1,11 €
1 Prise	Salz	0,05 €
1 Prise	Pfeffer	0,05 €
1 kg	Reis	0,98 €
	Summe	**12,02 €**

Zubereitung

Huhn ½ Stunde abkochen. Fleisch von den Knochen lösen und in mundgerechte Stücke teilen. Champignons putzen und in Scheiben schneiden. In 50 g Butter andünsten. Das Fleisch dazugeben. Übrige Butter in einem zweiten Topf erhitzen. Mehl unterrühren und anschwitzen. Diese Schwitze mit Sahne und dem Saft der Zitronen zum Fleisch geben. Zubereitete Brühe und Wein dazugießen. Kurz aufkochen. Mit Salz und Pfeffer abschmecken. Dazu Reis servieren.

Festlicher Rehbraten mit Rotkohl

Menge	Zutaten	Preis
2 kg	Rehkeule (TK)	27,80 €
1 Prise	Salz	0,05 €
1 Prise	Pfeffer	0,05 €
2 EL	Wacholderbeeren	0,10 €
100 g	Butter	0,42 €
200 g	Zwiebeln	0,20 €
2 Bund	Suppengrün	2,38 €
8 Stück	Lorbeerblätter	0,16 €
1 EL	Pfefferkörner	0,13 €
2 TL	getr. Thymian	0,20 €
350 ml	Rotwein	0,60 €
300 g	Crème fraîche	0,63 €
1 ½ kg	Kartoffeln	1,35 €
2 Dosen	Rotkohl (à 720 ml)	0,90 €
	Summe	**34,97 €**

Zubereitung

Rehkeule am Knochen etwas einschneiden. Salz und Pfeffer mit Wacholderbeeren zerstoßen und das Fleisch damit einreiben. Die Rehkeule in Butter scharf anbraten. Zwiebeln schälen und hacken. Suppengrün putzen, waschen und in Stücke schneiden. Alles mit Lorbeerblättern, Pfefferkörnern und Thymian zum Fleisch geben. Etwas Wasser hinzugießen. In einem Bratentopf mit geschlossenem Deckel im Backofen bei 220 Grad etwa 1 ½–2 Stunden braten. Die Keule ab und zu mit dem Bratenfett übergießen. Dann die Keule aus dem Topf nehmen und in Alufolie einwickeln. Den Backofen auf 120 Grad herunterstellen und die Keule hineingeben. In einem Topf alles andere aus dem Bratentopf mit Rotwein etwa 5 Minuten kochen. Zu einer sämigen Soße pürieren und Crème fraîche hinzugeben. Das Fleisch portionsweise auf Tellern anrichten und die Soße darübergießen. Mit Salzkartoffeln und Rotkohl servieren.

Brandenburger Rippenbraten

Menge	Zutaten	Preis
2 kg	Schweinerippenbraten	9,98 €
1 Prise	Salz	0,05 €
1 Prise	Pfeffer	0,05 €
400 g	Zwiebeln	0,40 €
400 g	Möhren	0,34 €
3 Stangen	Porree	0,80 €
2 Stück	Äpfel	0,46 €
400 g	Thüringer Mett	1,59 €
400 g	Backobst	1,74 €
1 Prise	Zucker	0,05 €
3 Dosen	Rotkohl (à 720 ml)	1,35 €
1 ½ kg	Kartoffeln	1,35 €
	Summe	**18,16 €**

Zubereitung

Die Schwarte der Rippe mit einem sehr scharfen Messer karoförmig einschneiden. In den Braten eine große Tasche schneiden, innen und außen mit Salz und Pfeffer einreiben. Zwiebeln, Möhren und Porree schälen bzw. putzen, waschen und in größere Stücke schneiden. Äpfel waschen, entkernen und klein schneiden. Für die Füllung mit Mett und Backobst vermischen. Mit Salz, Pfeffer und Zucker abschmecken. Die Füllung in das Fleisch geben (nicht zu fest füllen) und die Öffnung mit Holzstäbchen zustecken. Den Braten mit der Schwarte nach unten in einen Bräter legen und ¼ Liter kochendes Wasser zugießen. Im auf 200 Grad vorgeheizten Backofen etwa 30 Minuten dünsten, bis die Schwarte hell geworden ist, dabei nach und nach heißes Wasser zugießen. Braten aus dem Ofen nehmen, wenden, das Gemüse drumherum verteilen, etwas salzen und wieder in den Ofen stellen. Die Temperatur auf 180 Grad reduzieren und 1 weitere Stunde braten, dabei ab und zu mit Bratenfond übergießen. Den Braten aus dem Bräter nehmen, in Alufolie wickeln und mindestens 15 Minuten warm gestellt ruhen lassen. Danach in Scheiben schneiden. Mit Rotkohl und Salzkartoffeln servieren.

Rinderrouladen mit Rosenkohl

Menge	Zutaten	Preis
1 ½ kg	Rinderrouladen	10,49 €
1 Prise	Salz	0,05 €
1 Prise	Pfeffer	0,05 €
100 g	Senf	0,25 €
300 g	Paprika rot	0,75 €
200 g	Zwiebeln	0,20 €
150 g	durchwachsener Speck	0,65 €
150 ml	Speiseöl	0,14 €
250 ml	Rotwein	0,43 €
200 g	Crème fraîche	0,42 €
1 EL	Zucker	0,01 €
1 EL	Soßenbinder	0,02 €
2 kg	Rosenkohl	1,98 €
1 ½ kg	Kartoffeln	1,35 €
	Summe	**16,79 €**

Zubereitung

Rouladen abwaschen, trocken tupfen und ausbreiten. Salzen, pfeffern und mit Senf bestreichen. Paprika waschen und in feine Streifen schneiden. Zwiebeln schälen und in Ringe schneiden. Rouladen mit dünn geschnittenen Scheiben Speck und jeweils der Hälfte der Paprikastreifen und Zwiebelringe belegen. Aufrollen, mit Rouladennadeln feststecken und in einem Topf in 7 EL Öl anbraten. Rotwein und 250 ml Wasser dazugießen und etwa 1 Stunde schmoren. In einem zweiten Topf restliches Öl erhitzen und das übrige Gemüse kurz andünsten. Zur Soße geben. Crème fraîche unterrühren. Mit Salz, Pfeffer und Zucker abschmecken. Falls nötig, mit Soßenbinder andicken. Als Beilage Rosenkohl und Kartoffeln reichen.

Rotwein-Schweinegulasch

Menge	Zutaten	Preis
2 kg	Schweinegulasch	11,16 €
8 EL	Speiseöl	0,08 €
1 Prise	Salz	0,05 €
1 Prise	Pfeffer	0,05 €
400 g	Zwiebeln	0,40 €
2 TL	Paprikapulver edelsüß	0,10 €
1 Flasche	Rotwein (700 ml)	1,19 €
4 TL	Brühe (Instant)	0,08 €
5 EL	Speisestärke	0,05 €
1 ½ kg	Spiralnudeln	1,17 €
	Summe	**14,33 €**

Zubereitung

Schweinegulasch in einem großen Topf im Öl scharf anbraten. Salzen und pfeffern. Zwiebeln schälen, würfeln und zugeben. Nach 5 Minuten mit Paprikapulver bestäuben und kurz anrösten. Mit Rotwein ablöschen und die vorbereitete Brühe zugeben. Etwa 1 ½ Stunden köcheln lassen. Speisestärke in einer Tasse mit ein paar Esslöffeln Soße verrühren und das Gulasch damit abbinden. Nochmals abschmecken. Dazu Spiralnudeln reichen.

Mecklenburger Hochzeitsbraten

Menge	Zutaten	Preis
2 kg	Schweinenacken	7,98 €
100 g	Senf	0,20 €
5 Zehen	Knoblauch	0,10 €
1 TL	getr. Majoran	0,11 €
3 Stück	Äpfel	0,69 €
400 g	Zwiebeln	0,40 €
600 g	Backpflaumen	2,62 €
1 Prise	Salz	0,05 €
1 Prise	Pfeffer	0,05 €
8 EL	Speiseöl	0,08 €
5 EL	Soßenbinder	0,05 €
3 Dosen	Rotkohl (à 720 ml)	1,35 €
1 ½ kg	Kartoffeln	1,35 €
	Summe	**15,03 €**

Zubereitung

In den Schweinenacken eine Tasche schneiden (oder den Metzger darum bitten). Senf, abgezogenen und durchgepressten Knoblauch sowie Majoran vermischen und die Tasche damit ausstreichen. Äpfel schälen, entkernen und klein schneiden. Zwiebeln schälen und hacken. Backpflaumen, Apfelstücke und Zwiebelwürfel vermischen. Salzen und pfeffern. Schweinenacken mit der Mischung füllen und mit Küchengarn zunähen. In einem Bräter in Öl von allen Seiten kurz anbraten. Etwas Wasser zugießen und im auf 180 Grad vorgeheizten Backofen 1 ½–2 Stunden schmoren. Braten herausnehmen und warm stellen. Den Bratfond mit Wasser auffüllen, zum Kochen bringen und mit Soßenbinder andicken. Den Braten in Scheiben auf Tellern verteilen und mit Soße begießen. Als Beilage Rotkohl und Salzkartoffeln reichen.

Wildschweinkeule mit Klößen und Rosenkohl

Menge	Zutaten	Preis
Für die Wildschweinkeule		
2 kg	Wildschweinkeule (TK)	29,58 €
400 ml	Rotwein	0,68 €
150 ml	Ketchup	0,22 €
1 Prise	Salz	0,05 €
1 Prise	Pfeffer	0,05 €
250 g	Zwiebeln	0,25 €
400 g	Möhren	0,34 €
500 g	Knollensellerie	0,58 €
50 g	Schweineschmalz	0,10 €
8 Stück	Lorbeerblätter	0,16 €
1 EL	Pfefferkörner	0,13 €
2 Dosen	gemischte Waldpilze (à 425 ml)	1,98 €
400 g	Crème fraîche	0,84 €
Für die Kartoffelklöße		
2 ½ kg	Kartoffeln (mehlig)	2,25 €
6 Stück	Eier	0,77 €
200 g	Mehl	0,05 €
1 Prise	Salz	0,05 €
Für den Rosenkohl		
2 kg	Rosenkohl	1,98 €
100 g	Butter	0,42 €
1 Prise	Muskat	0,05 €
1 Prise	Salz	0,05 €
	Summe	**40,58 €**

Zubereitung

Wildschweinkeule von Knochen, Fett und Sehnen befreien und 1 Tag vorher in einer Beize aus Rotwein, Ketchup, Salz und Pfeffer legen. Keule herausnehmen und trocken tupfen. Zwiebeln schälen und würfeln. Möhren und Sellerie schälen und in kleine Stücke schneiden. Schmalz in einem großen Bräter erhitzen und die Keule darin kurz anbraten. Mit der Beize ablöschen und vorbereitetes Gemüse hinzufügen. Im auf 150 Grad vorgeheizten Backofen etwa 3 Stunden garen. Zwischendurch das Fleisch öfter einmal wenden und mit dem Sud begießen.

In der Zwischenzeit die Kartoffeln schälen, gar kochen und noch warm durch eine Presse drücken. Eier, Mehl und Salz dazugeben und alles kräftig durchkneten, bis die Masse nicht mehr an den Händen kleben bleibt. (Falls nötig, etwas Mehl hinzufügen.) Kleine Klöße formen und in siedendem Salzwasser etwa 20 Minuten gar ziehen lassen.

Rosenkohl putzen, waschen und unten kreuzweise einschneiden. In kochendem Wasser 10 Minuten garen. Abgießen und in eine Schüssel geben. Mit Salz und Muskat würzen. Butter zerlassen und über den Rosenkohl gießen.

Keule aus dem Bräter nehmen und warm stellen. Soße durch ein Sieb passieren. Waldpilze dazugeben. Einige Minuten köcheln lassen. Mit Salz und Pfeffer abschmecken. Crème fraîche unterrühren.

Bayrische Schweinshaxe

Menge	Zutaten	Preis
2 ½ kg	Schweinshaxe	8,73 €
1 Prise	Salz	0,05 €
1 Prise	Pfeffer	0,05 €
500 g	Zwiebeln	0,50 €
750 g	Möhren	0,64 €
3 TL	gem. Kümmel	0,15 €
1 EL	Pfefferkörner	0,13 €
	Summe	**10,25 €**

Zubereitung

Schweinshaxe mit Salz und Pfeffer einreiben. In einen Bräter legen, mit kochendem Wasser übergießen und im Ofen bei 180 Grad 30 Minuten garen. Zwiebeln und Möhren schälen und würfeln. Mit Kümmel und Pfefferkörnern dazugeben. Weitere 1 ½ Stunden braten, dabei immer wieder mit Sud begießen.

Hähnchen mit Paprika und Champignons

Menge	Zutaten	Preis
2 ½ kg	Hähnchenschenkel	5,20 €
1 Prise	Salz	0,05 €
1 Prise	Pfeffer	0,05 €
4 TL	Currypulver	0,22 €
100 ml	Speiseöl	0,10 €
200 g	Honig	0,92 €
500 g	frische Champignons	1,98 €
500 g	Paprika grün	1,25 €
300 g	durchwachsener Speck	1,29 €
800 g	Reis	0,78 €
	Summe	**11,84 €**

Zubereitung

Hähnchenschenkel waschen, trocken tupfen und mit Salz, Pfeffer und Currypulver einreiben. In einem Bräter im Öl gut anbraten. Mit Honig bestreichen und kurz weiterbraten. Champignons putzen und halbieren. Paprika waschen, putzen und in Streifen schneiden. Speck würfeln und in einer Pfanne auslassen. Champignons und Paprika dazugeben und 10 Minuten schmoren. Hähnchenschenkel hinzufügen. Mit Salz, Pfeffer und Curry abschmecken. Dazu Reis reichen.

Lieschens Sauerbraten

Menge	Zutaten	Preis
1 ½ l	Essig	0,59 €
10 g	Pfefferkörner	0,25 €
15 g	Lorbeerblätter	0,30 €
200 g	Zwiebeln	0,20 €
2 Bund	Suppengrün	2,38 €
1 ½ kg	Rinderbraten	11,99 €
1 Prise	Salz	0,05 €
1 Prise	Pfeffer	0,05 €
8 EL	Speiseöl	0,08 €
5 EL	Johannisbeermarmelade	0,10 €
200 g	Rosinen	0,47 €
400 g	saure Sahne	0,62 €
4 EL	Mehl	0,02 €
1 ½ kg	Kartoffeln	1,35 €
2 Dosen	Rotkohl (à 720 ml)	0,90 €
	Summe	**19,35 €**

Zubereitung

In einen großen Topf Essig, 1 Liter Wasser, Pfefferkörner und Lorbeerblätter geben. Zwiebeln schälen, in Ringe schneiden und hinzufügen. Suppengrün putzen, waschen, klein schneiden und dazugeben. 5 Minuten aufkochen, dann abkühlen lassen. Rindfleisch kurz abwaschen und trocken tupfen. In die Essigbeize legen und mit Frischhaltefolie abgedeckt 1–2 Tage im Kühlschrank ziehen lassen. Dann das Fleisch herausnehmen. Beize durch ein Sieb gießen und auffangen (Gemüse wird nicht mehr benötigt). In einem großen Bräter Öl stark erhitzen und das Fleisch scharf anbraten. Wenn der Braten eine schöne braune Oberfläche hat, nach und nach mit der Beize übergießen, so entsteht die leckere dunkle Soße. Bei niedriger Temperatur 2 Stunden schmoren lassen. Dann Johannisbeermarmelade und Rosinen zugeben. Saure Sahne und Mehl verrühren und die Soße damit binden. Mit Salzkartoffeln und Rotkohl servieren.

3. Gang: Nachspeisen

Apfelstrudel mit Vanillesoße

Menge	**Zutaten**	**Preis**
Für den Teig		
3 Stück	Eier	0,39 €
150 g	Zucker	0,10 €
2 Päckchen	Vanillezucker	0,04 €
1 Prise	Salz	0,05 €
150 g	Butter	0,63 €
600 g	Mehl	0,15 €
2 Päckchen	Backpulver	0,06 €
Für die Füllung		
6 Stück	Äpfel	1,80 €
100 g	Zucker	0,07 €
100 g	Rosinen	0,24 €
2 TL	Zimt	0,23 €
200 g	gehobelte Mandeln	0,98 €
Für die Vanillesoße		
1 l	Milch	0,59 €
2 Päckchen	Vanillesoße (à 15,5 g)	0,26 €
	Summe	**5,59 €**

Zubereitung

Für den Teig 2 Eier mit Zucker, Vanillezucker und Salz verrühren. Weiche Butter in Flocken unterrühren. Mehl und Backpulver dazugeben und alles zu einem geschmeidigen Teig kneten. Für 1 Stunde in den Kühlschrank stellen.

Für die Füllung Äpfel schälen, entkernen und grob reiben. Mit Zucker, Rosinen, Zimt und gehobelten Mandeln mischen.

Den Teig auf einem Backblech ausrollen. Die Füllung in die Mitte des Teigs geben. Einen Teil des Teigs links, den anderen rechts über die Füllung legen. Drittes Ei trennen. Den Strudel mit Eigelb bestreichen. Bei 180 Grad im Ofen backen (etwa 30 Minuten).

Für die Soße Milch zum Kochen bringen. Das Vanillesoßenpulver einrühren und kurz aufkochen lassen.

Den Strudel warm oder kalt mit der Soße servieren.

Mousse au chocolat

Menge	Zutaten	Preis
6 Stück	Eier	0,77 €
400 g	Sahne	0,74 €
400 g	Schokolade zartbitter	2,76 €
100 g	Butter	0,42 €
80 g	Zucker	0,06 €
	Summe	**4,75 €**

Zubereitung

Eier trennen. Eiweiß und Sahne separat steif schlagen. Schokolade in Stücke brechen und mit der Butter vorsichtig im Wasserbad schmelzen. (Dazu die Zutaten in eine Metallschüssel geben und diese in einen Topf mit heißem Wasser hängen.) Eigelb in einer großen Schüssel mit 2 EL heißem Wasser cremig schlagen. Den Zucker dazugeben und so lange rühren, bis die Masse hell und cremig ist. Die geschmolzene Schokolade mit der Butter unterheben. Dann sofort Eischnee und geschlagene Sahne unterziehen (nicht mit dem Elektromixer!). Für mindestens 2 Stunden in den Kühlschrank stellen.

Straciatella-Himbeer-Creme

Menge	Zutaten	Preis
1 kg	Himbeeren (TK)	2,65 €
200 g	Zucker	0,14 €
2 Päckchen	Vanillezucker	0,04 €
4 EL	Speisestärke	0,04 €
1 kg	Naturjoghurt	0,78 €
400 g	Sahne	0,74 €
300 g	Schokostreusel	0,96 €
	Summe	**5,35 €**

Zubereitung

Himbeeren in einer Schüssel mit 120 g Zucker bestreuen und auftauen lassen. In einem Sieb abtropfen lassen, dabei den Saft dabei auffangen. Einige Himbeeren für die Garnitur beiseitestellen. Speisestärke mit ein wenig Wasser verrühren. Himbeersaft aufkochen, vom Herd nehmen und die Stärke einrühren. Unter ständigem Rühren etwa 1 Minute kochen lassen. Joghurt, 80 g Zucker und Vanillezucker verrühren. Himbeersaft unterrühren. Sahne steif schlagen und mit 250 g Schokostreuseln unter die Creme heben. Abwechselnd Creme und Himbeeren in Gläser schichten. Mit Schokostreuseln und je 1 Himbeere garnieren. Kalt servieren.

Piraten-Bratapfel mit Vanillesoße

Menge	Zutaten	Preis
Für die Bratäpfel		
8 Stück	Äpfel	1,73 €
2 Stück	Zitronen	0,66 €
100 g	Rosinen	0,24 €
100 g	Butter	0,42 €
400 g	Marzipanrohmasse	2,18 €
200 g	gem. Haselnüsse	1,29 €
2 Stück	Eier	0,26 €
Für die Vanillesoße		
1 l	Milch	0,59 €
2 Päckchen	Vanillesoße (à 15,5 g)	0,26 €
	Summe	**7,63 €**

Zubereitung

Äpfel schälen und jeweils einen Deckel abschneiden (aufbewahren!). Gründlich aushöhlen, dabei einen relativ dicken Boden stehen lassen. (Dafür eignet sich am besten ein Kugelausstecher mit einer scharfen Kante.) Den Saft der Zitronen in die Äpfel gießen und verteilen. Rosinen mindestens 15 Minuten in lauwarmem Wasser einweichen. Weiche Butter, Marzipanrohmasse, Haselnüsse, ausgedrückte Rosinen und das Eigelb miteinander verkneten. (Sollte die Masse nicht geschmeidig werden, das Eiweiß untermischen.) Die Äpfel mit der Masse füllen und mit dem Deckel verschließen. Bei 180 Grad im vorgeheizten Ofen etwa 25 Minuten backen. Für die Soße Milch zum Kochen bringen. Das Vanillesoßenpulver einrühren und kurz aufkochen lassen. Bratäpfel mit der Vanillesoße servieren.

Undeloher Rote Grütze mit Schneehaube

Menge	Zutaten	Preis
400 g	Himbeeren (TK)	1,06 €
400 g	Brombeeren (TK)	1,06 €
120 g	Zucker	0,08 €
5 EL	Speisestärke	0,05 €
400 g	Sahne	0,74 €
	Summe	**2,99 €**

Zubereitung

200 ml Wasser zum Kochen bringen. Himbeeren und Brombeeren dazugeben und 5 Minuten kochen lassen. Durch ein Sieb streichen und nochmals aufkochen. Zucker hinzufügen. Speisestärke mit etwas Wasser verrühren, dazugeben und unter Rühren einmal aufkochen lassen. Rote Grütze in eine mit Wasser ausgespülte Glasform füllen und einige Stunden kalt stellen. Sahne schlagen und auf die Grütze geben.

Giraffencreme Serengeti

Menge	Zutaten	Preis
1 Dose	Pfirsiche (850 ml)	1,50 €
500 g	Quark	0,74 €
150 g	Zucker	0,09 €
400 g	Sahne	0,74 €
2 Päckchen	Sahnesteif	0,32 €
150 g	Schokostreusel	0,48 €
	Summe	**3,87 €**

Zubereitung

Pfirsiche abtropfen lassen und den Saft auffangen. 2 Pfirsichhälften in Spalten schneiden und zum Garnieren zurücklegen. Die übrigen Pfirsiche pürieren. Quark, Zucker und 4 EL Pfirsichsaft verrühren. Sahne mit Sahnesteif schlagen und unterheben. In Glasschälchen abwechselnd Creme und Pfirsichmasse geben. Zum Schluss mit Schokostreuseln und Pfirsichspalten verzieren.

Wiener Kaiserschmarrn mit Pflaumenkompott

Menge	Zutaten	Preis
6 Stück	Eier	0,77 €
100 g	Zucker	0,07 €
250 ml	Milch	0,15 €
100 g	Mehl	0,03 €
1 Prise	Salz	0,05 €
150 g	Rosinen	0,35 €
70 g	Butter	0,31 €
100 g	Puderzucker	0,14 €
1 Glas	Pflaumenkompott (720 ml)	0,89 €
	Summe	**2,76 €**

Zubereitung

Eier trennen. Eiweiß steif schlagen und beiseitestellen. Eigelb mit Zucker, Milch, Mehl und Salz zu einem glatten, dünnen Teig verrühren. Er sollte die Konsistenz von flüssigem Honig haben. Falls er zu dünn ist, etwas Mehl dazugeben, und falls er zu fest ist, mit etwas Milch verdünnen. Eiweiß vorsichtig unter den Teig heben. Rosinen in den Teig rühren. In einer beschichteten Pfanne Butter erhitzen und die Teigmasse in die Pfanne gießen. Mit geschlossenem Deckel 4–5 Minuten bei mittlerer Hitze stocken lassen. Dann den Teig am Rand leicht anheben, etwas Butter in die Pfanne geben, den Kaiserschmarrn umdrehen und die andere Seite 2–3 Minuten backen. Wenn er auf beiden Seiten eine schöne braune Kruste hat, mit zwei Gabeln in großzügige Stücke teilen und kurz weiterbacken. Vor dem Servieren mit Puderzucker bestreuen. Dazu Pflaumenkompott reichen.

Zitronen-Bananen-Quark

Menge	Zutaten	Preis
500 g	Quark	0,74 €
400 g	Sahne	0,74 €
8 EL	Zucker	0,06 €
2 Stück	Zitronen	0,66 €
4 Stück	Bananen	0,44 €
	Summe	**2,64 €**

Zubereitung

Quark zu einer cremigen Masse rühren. Sahne mit dem Zucker steif schlagen und unterheben. Zitronen auspressen und den Saft dazugeben. Bananen schälen, in Scheiben schneiden und zwei Drittel unterheben. Kühl stellen. Den Zitronenquark mit den restlichen Bananenscheiben garniert servieren.

Himmlische Zitronencreme

Menge	Zutaten	Preis
6 Blatt	Gelatine	0,40 €
6 Stück	Eier	0,77 €
120 g	Zucker	0,08 €
2 Stück	Zitronen	0,66 €
400 g	Sahne	0,74 €
	Summe	**2,65 €**

Zubereitung

Gelatine in kaltem Wasser einweichen. Eier trennen. Eigelb mit Zucker schaumig rühren. Zitronen auspressen und den Saft unterrühren. Gelatine in dem Wasser erhitzen und auflösen. In die Eiermasse geben und verrühren. ½ Stunde kalt stellen. Sahne und Eiweiß getrennt steif schlagen. ¾ der Sahne und Eiweiß vorsichtig unter die Eiermasse heben. Die Creme mit kleinen Sahnehäubchen verzieren. Bis zum Servieren in den Kühlschrank stellen.

Omas Milchreis

Menge	Zutaten	Preis
1 ½ l	Milch	0,89 €
400 g	Milchreis	1,59 €
1 Prise	Salz	0,05 €
100 g	Butter	0,42 €
150 g	Zucker	0,10 €
2 TL	Zimt	0,14 €
	Summe	**3,19 €**

Zubereitung

Milch mit dem Reis und Salz unter ständigem Rühren aufkochen lassen. Bei geringer Hitze so lange garen, bis der Reis weich ist. Dabei immer wieder umrühren. Butter in einer kleinen Pfanne zerlassen und braun werden lassen. Milchreis mit Zucker und Zimt bestreuen und die braune Butter darübergießen.

Marzipan-Vanille-Pudding

Menge	Zutaten	Preis
200 g	Marzipanrohmasse	1,09 €
600 ml	Milch	0,35 €
400 g	Sahne	0,78 €
2 Päckchen	Vanillepuddingpulver	0,10 €
2 Päckchen	Vanillezucker	0,04 €
200 g	Schokostreusel	0,65 €
	Summe	**3,01 €**

Zubereitung

Marzipan in kleine Würfel schneiden. Milch und Sahne in einem Topf erhitzen. Das Puddingpulver und Vanillezucker einrühren. Marzipanwürfel dazugeben und das Ganze unter ständigem Rühren aufkochen (dabei löst sich das Marzipan auf). Den heißen Pudding in kleine Schälchen geben und abkühlen lassen. Mit Schokostreuseln garniert servieren.

Orangen-Vanille-Creme

Menge	**Zutaten**	**Preis**
9 Stück	Orangen	2,55 €
150 g	Zucker	0,10 €
7 EL	Irish-Creme-Likör	0,40 €
2 Päckchen	Vanillepuddingpulver	0,10 €
1 l	Milch	0,59 €
250 g	Quark	0,37 €
200 g	Schokostreusel	0,65 €
	Summe	**4,76 €**

Zubereitung

Orangen schälen, dabei auch die weiße Haut wegschneiden. Fruchtstücke herauslösen, den Saft auffangen. In eine Schüssel geben. (Ein paar Fruchtstücke für die Garnitur beiseitestellen.) Zucker und Irish-Creme-Likör vorsichtig unterrühren und ziehen lassen. Pudding nach Packungsanleitung mit der Milch zubereiten und abkühlen lassen. Quark und etwas Orangensaft unter den Pudding rühren. Creme in Dessertschalen füllen. Orangenstücke darauf verteilen und mit Schokostreuseln verzieren.

Kaffeetafel und Kindergeburtstag

EINE SCHÖN VERZIERTE TORTE oder ein duftender Obstkuchen ziert jede Kaffeetafel! Und selbst gemachtes Backwerk schmeckt einfach viel besser als gekaufte Ware.

WIR HABEN AUCH EINIGE REZEPTE AUSGESUCHT, DIE BEI KINDERN BESONDERS GUT ANKOMMEN: zum Beispiel der Smarties-Geburtstagskuchen oder die Schokokuss-Torte. Und was halten Sie von der Idee, gemeinsam mit den kleinen Gästen die Muffins von Seite 83 zu backen? Die Kinder können das Gebäck anschließend mit Zuckerglasur und Kuchen-Deko verzieren, was ihnen bestimmt großen Spaß bereitet!

Torten

Tortenböden kann man gut am Vortag zubereiten.

Omas Käsesahnetorte

Menge	Zutaten	Preis
Für den Teig		
4 Stück	Eier	0,52 €
130 g	Zucker	0,09 €
1 Päckchen	Vanillezucker	0,02 €
100 g	Mehl	0,03 €
50 g	Speisestärke	0,05 €
1 Päckchen	Backpulver	0,03 €
Für die Füllung		
4 Stück	Eier	0,52 €
200 g	Zucker	0,14 €
250 ml	Milch	0,15 €
8 Blatt	Gelatine	0,53 €
500 g	Quark	0,74 €
500 g	Sahne	0,93 €
1 Stück	Zitrone	0,33 €
1 Prise	Salz	0,05 €
100 g	Puderzucker	0,14 €
	Summe	**4,27 €**

Zubereitung

Für den Teig Eier trennen. Eigelb mit 2 EL warmem Wasser schaumig schlagen. ⅔ der Zuckermenge und Vanillezucker dazugeben und alles so lange schlagen, bis die Masse cremig ist. Eiweiß steif schlagen, dabei restlichen Zucker einrieseln lassen. Eischnee auf die Eigelbmasse geben. Mehl, Speisestärke und Backpulver gut mischen und darübersieben. Alles vorsichtig vermengen. Springform (Durchmesser 27 cm) mit Backpapier auslegen oder einfetten. Teig einfüllen und im vorgeheizten Backofen (190–200 Grad) etwa 20–25 Minuten backen. Für die Füllung Eier trennen. Eigelb, Zucker und Milch in einem Topf mit dem Schneebesen kräftig verrühren. Bei mittlerer Hitze und unter ständigem Rühren langsam erhitzen. So lange erwärmen, bis die Masse deutlich dicker wird (nicht kochen!). Gelatine 10 Minuten in etwas Wasser einweichen, dann ausdrücken und dazugeben. So lange rühren, bis sie sich aufgelöst hat. Die Masse durch ein Sieb streichen und etwas abkühlen lassen. Quark in eine große Schüssel geben und die Eimasse darübergießen. So lange rühren, bis eine gebundene Masse entstanden ist. Sahne steif schlagen und vorsichtig unter die Quarkmasse ziehen. Den ausgekühlten Kuchenboden halbieren und eine Hälfte in eine Springform geben. Quarkmasse darauf verteilen und den zweiten Boden darüberlegen. In den Kühlschrank stellen (am besten über Nacht). Vor dem Servieren mit Puderzucker bestreuen.

Lübecker Marzipan-Nuss-Torte

Menge	**Zutaten**	**Preis**
Für den Teig		
80 g	Nougat	0,20 €
5 Stück	Eier	0,65 €
150 g	Zucker	0,14 €
1 Prise	Salz	0,05 €
80 g	Mehl	0,02 €
80 g	Speisestärke	0,08 €
1 Päckchen	Backpulver	0,03 €
20 g	Butter	0,08 €
Für die Füllung		
600 g	Sahne	1,11 €
100 g	gem. Haselnüsse	0,65 €
200 g	Marzipanrohmasse	1,09 €
100 g	Puderzucker	0,14 €
	Summe	**4,24 €**

Zubereitung

Nougat in einer Schüssel im Wasserbad schmelzen. Eier trennen. Eigelb mit 75 g Zucker, 2 EL Wasser und Salz schaumig schlagen. Weichen Nougat zugeben und unterrühren. Eiweiß mit 75 g Zucker steif schlagen. Mehl, Backpulver und Speisestärke vermischen und sieben. Eischnee und Mehlmischung abwechselnd unter die Eigelbmasse heben. Boden einer Springform mit Butter einfetten. Den Teig einfüllen. Im auf 200 Grad vorgeheizten Ofen etwa 25–30 Minuten backen. Auskühlen lassen. Den Tortenboden zweimal waagerecht durchschneiden. Die Sahne steif schlagen und die Haselnüsse unterziehen. ⅓ der Nuss-Sahne auf die unterste Platte streichen, die zweite Platte auflegen. Ein weiteres Drittel der Sahne darauf streichen und die letzte Platte auflegen. Die ganze Torte mit der restlichen Sahne bestreichen. Marzipanrohmasse mit Puderzucker verkneten. Auf einer mit Puderzucker bestreuten Fläche zu einem Kreis von ca. 35 cm Durchmesser ausrollen. Auf ein Nudelholz wickeln, auf die Torte legen und vorsichtig glatt streichen. Überstehendes Marzipan mit einem Messer abschneiden. Marzipanreste erneut ausrollen und zum Verzieren verwenden.

Schwarzwälder Kirschtorte

Menge	Zutaten	Preis
Für den Teig		
100 g	Butter	0,42 €
100 g	Zucker	0,07 €
1 Päckchen	Vanillezucker	0,02 €
4 Stück	Eier	0,52 €
70 g	gehobelte Mandeln	0,34 €
100 g	Kakaopulver	0,21 €
50 g	Mehl	0,01 €
50 g	Speisestärke	0,05 €
1 Päckchen	Backpulver	0,03 €
Für die Füllung		
100 g	Kirschmarmelade	0,20 €
500 g	Sahne	0,93 €
1 EL	Zucker	0,01 €
1 Glas	Sauerkirschen (720 ml)	0,65 €
200 g	Schokoraspel	0,65 €
	Summe	**4,11 €**

Zubereitung

Butter mit Zucker und Vanillezucker schaumig rühren. Eier, Mandeln und Kakaopulver zufügen. Mehl mit Speisestärke und Backpulver sieben und unterziehen. Teig in eine gefettete Springform füllen und auf der zweiten Schiene von unten im vorgeheizten Backofen bei 180 Grad etwa 30 Minuten backen. Tortenboden auskühlen lassen, dann zweimal waagerecht durchschneiden. Unterste Platte mit der Kirschmarmelade bestreichen. Sahne mit Zucker steif schlagen. Kirschen abtropfen lassen, 12 Stück beiseitelegen. Zweite Platte auflegen, etwa 2 cm hoch mit Schlagsahne bestreichen und die Kirschen darauf verteilen. Oberste Platte auflegen, mit Sahne bestreichen und mit Schokoraspeln bestreuen. Sahnerosetten auf die Torte spritzen und jede mit einer Kirsche verzieren.

Cappuccino-Biskuit-Torte

Menge	Zutaten	Preis
Für den Teig		
5 Stück	Eier	0,65 €
180 g	Zucker	0,12 €
150 g	Mehl	0,04 €
50 g	Speisestärke	0,05 €
1 Päckchen	Backpulver	0,03 €
2 ½ EL	Cappuccinopulver	0,02 €
Für die Füllung		
20 g	Kaffeepulver	0,10 €
200 g	Schokolade zartbitter	1,38 €
400 g	Sahne	0,74 €
2 Päckchen	Sahnesteif	0,32 €
Für die Glasur		
3 EL	Speiseöl	0,03 €
150 g	Puderzucker	0,21 €
50 g	Kaffeepulver	0,25 €
	Summe	**3,94 €**

Zubereitung

Für den Teig Eier trennen. Eiweiß mit Zucker steif schlagen. Eigelb einrühren. Mehl, Speisestärke und Backpulver vermischen und darübersieben. Cappuccinopulver dazugeben und alles leicht unterrühren. Teig in eine gefettete Springform füllen und im vorgeheizten Ofen bei 180 Grad etwa 30 Minuten backen. Abkühlen lassen und zweimal waagerecht durchschneiden (je 1 cm vom oberen und unteren Rand). Für die Füllung mittleren Kuchenteil zerbröseln. Kaffeepulver mit etwas Wasser erwärmen und Schokolade darin schmelzen. Mit den Biskuitbröseln verrühren und auskühlen lassen. Sahne mit Sahnesteif schlagen und unterziehen. Den gereinigten Springformrand um den unteren Biskuitboden legen. Creme daraufstreichen, den oberen Boden auflegen und andrücken. Im Kühlschrank einige Stunden (am besten über Nacht) durchziehen lassen. Öl mit Puderzucker und Kaffeepulver unter Rühren leicht erhitzen. Torte mit dieser Glasur überziehen und fest werden lassen.

Buchweizentorte

Menge	Zutaten	Preis
Für den Teig		
6 Stück	Eier	0,77 €
250 g	Zucker	0,17 €
90 g	Buchweizenmehl	0,23 €
25 g	Speisestärke	0,02 €
1 Päckchen	Backpulver	0,03 €
Für die Füllung		
1 kg	Sahne	1,85 €
2 ½ Päckchen	Sahnesteif	0,47 €
2 Päckchen	Vanillezucker	0,04 €
200 g	gem. Haselnüsse	1,29 €
330 g	Preiselbeeren (Glas)	0,73 €
	Summe	**5,60 €**

Zubereitung

Für den Teig Eier und Zucker schaumig rühren. Mehl, Speisestärke und Backpulver mischen und unterheben. Teig in eine gefettete Springform füllen und im Ofen bei 175 Grad etwa 45 Minuten backen. Für die Füllung Sahne mit Sahnesteif und Vanillezucker steif schlagen. Nüsse bis auf 5 Esslöffel unterheben. Abgekühlten Kuchen zweimal waagerecht durchschneiden. Die beiden unteren Böden mit Preiselbeeren und Sahne bestreichen. Böden aufeinanderlegen, den dritten Boden ebenfalls auflegen, mit Sahne bestreichen und mit Haselnüssen bestreuen.

Irish-Creme-Torte

Menge	Zutaten	Preis
Für den Teig		
125 g	Margarine	0,16 €
100 g	Zucker	0,07 €
2 Stück	Eier	0,26 €
80 g	Mehl	0,02 €
70 g	Speisestärke	0,07 €
1 Päckchen	Backpulver	0,03 €
Für den Belag		
100 g	Schokolade zartbitter	0,69 €
100 ml	Irish-Creme-Likör	0,57 €
500 g	Sahne	0,93 €
2 Päckchen	Sahnesteif	0,32 €
100 g	Kakaopulver	0,21 €
100 g	gehobelte Mandeln	0,49 €
	Summe	**3,82 €**

Zubereitung

Für den Teig Margarine und Zucker cremig rühren. Eier nacheinander unterrühren. Mehl, Speisestärke und Backpulver mischen und unterheben. Springform einfetten, Teig einfüllen und glatt streichen. Im vorgeheizten Ofen bei 175 Grad 25–30 Minuten backen. Boden etwas abkühlen lassen und aus der Form lösen. Schokolade in einem kleinen Topf schmelzen. Unterseite des Bodens mit Glasur bestreichen und trocknen lassen. Dann mit der Schokoseite nach unten auf eine Tortenplatte legen. Oberseite mit einer Gabel mehrmals einstechen und mit Likör beträufeln. Sahne mit Sahnesteif steif schlagen. 70 g Kakaopulver unter die Sahne rühren. Kakao-Sahne auf den Boden streichen. Mit restlichem Kakaopulver und gehobelten Mandeln bestreuen.

Pfirsich-Maracuja-Torte

Menge	Zutaten	Preis
Für den Teig		
4 Stück	Eier	0,52 €
125 g	Zucker	0,09 €
1 Prise	Salz	0,05 €
75 g	Mehl	0,02 €
1 Päckchen	Backpulver	0,03 €
70 g	Speisestärke	0,07 €
Für den Belag		
1 Dose	Pfirsiche (850 ml)	0,69 €
750 ml	Maracujasaft	0,75 €
1 Päckchen	Tortenguss klar	0,05 €
400 g	Sahne	0,74 €
2 Päckchen	Sahnesteif	0,32 €
1 Päckchen	Aranca Maracuja Creme	0,79 €
	Summe	**4,12 €**

Zubereitung

Für den Teig Eier trennen. Eigelb, 50 ml warmes Wasser, Zucker und Salz schaumig schlagen. Mehl mit Backpulver und Speisestärke mischen und unter die Masse heben. Springform einfetten und den Teig hineinfüllen. Im auf 200 Grad vorgeheizten Ofen 10–15 Minuten backen. Auskühlen lassen. Für den Belag Pfirsiche abtropfen lassen und klein schneiden. 500 ml Maracujasaft mit dem Tortenguss unter Rühren einmal aufkochen lassen. Pfirsichstücke hineingeben. Boden in den Springformrand oder einen Tortenring legen. Maracuja-Pfirsich-Masse daraufgießen und im Kühlschrank fest werden lassen. Sahne mit Sahnesteif schlagen und darüber verteilen. Maracuja-Cremepulver mit 250 ml Maracujasaft 3 Minuten schaumig schlagen und über die Sahne geben. Für mindestens 2 Stunden in den Kühlschrank stellen.

Christinas Rocher-Torte

Menge	Zutaten	Preis
Für den Teig		
50 g	Margarine	0,23 €
150 g	Zucker	0,10 €
4 Stück	Eier	0,52 €
100 g	Mehl	0,03 €
10 g	Backpulver	0,02 €
200 g	gem. Haselnüsse	1,29 €
Für den Belag		
25 Stück	Rocher-Pralinen	3,99 €
600 g	Sahne	1,11 €
2 Päckchen	Sahnesteif	0,32 €
2 Päckchen	Vanillezucker	0,04 €
	Summe	**7,65 €**

Zubereitung

Für den Teig Margarine und Zucker schaumig schlagen. Eier einzeln unterrühren. Mehl, Backpulver und Haselnüsse mischen und unterheben. Teig in gefettete Springform füllen. Im vorgeheizten Ofen bei 175 Grad etwa 25–30 Minuten backen. Boden abkühlen lassen. Tortenring oder Springformrand um den Boden legen. Für die Füllung Rocher-Kugeln bis auf 8 Stück in einer Schüssel mit der Gabel zerdrücken. 400 g Sahne mit Sahnesteif schlagen. Mit den Rocher-Bröseln vermischen. Die Masse auf dem Boden verstreichen und für 30 Minuten kühl stellen. 200 g Sahne mit Vanillezucker steif schlagen. 16 Sahnerosetten auf die Torte spritzen. Übrige Rocher-Kugeln mit einem scharfen Messer halbieren und auf die Sahnerosetten setzen.

Schoko-Minz-Torte

Menge	Zutaten	Preis
Für den Teig		
6 Stück	Eier	0,77 €
300 g	Zucker	0,21 €
1 Päckchen	Vanillezucker	0,02 €
300 g	Mehl	0,08 €
1 Päckchen	Backpulver	0,03 €
50 g	Kakaopulver	0,11 €
Für die Füllung		
400 g	After Eight	3,38 €
1 kg	Sahne	1,85 €
3 Päckchen	Sahnesteif	0,40 €
1 Päckchen	Vanillezucker	0,02 €
	Summe	**6,87 €**

Zubereitung

Für den Teig Eier mit 50 ml heißem Wasser schaumig schlagen. Zucker und Vanillezucker nach und nach unterrühren. Mehl, Backpulver und Kakao mischen, über die Eimasse sieben und vorsichtig unterheben. Teig in eine mit Backpapier ausgelegte Springform (26 cm) füllen und bei 175 Grad etwa 4–5 Minuten backen. Abkühlen lassen. 8 After Eight zur Seite legen. Für die Füllung die restlichen After Eight mit 800 g Sahne erwärmen, bis sie sich aufgelöst haben. Abkühlen lassen und über Nacht in den Kühlschrank stellen. Am nächsten Tag die Masse mit 2 Päckchen Sahnesteif und Vanillezucker steif schlagen. Den Tortenboden waagerecht halbieren und mit der Creme füllen. 200 g Sahne mit 1 Päckchen Sahnesteif steif schlagen. Auf der Torte verteilen und glatt streichen. Die beiseitegelegten After Eight halbieren und die Torte damit garnieren.

Smarties-Geburtstagskuchen

Menge	Zutaten	Preis
100 g	Margarine	0,13 €
2 Stück	Eier	0,26 €
75 g	Zucker	0,05 €
1 Päckchen	Vanillezucker	0,02 €
1 Prise	Salz	0,05 €
125 g	Mehl	0,03 €
1 Päckchen	Backpulver	0,03 €
150 g	Schokolade zartbitter	1,04 €
200 g	Smarties	1,69 €
	Summe	**3,30 €**

Zubereitung

Margarine, Eier, Zucker, Vanillezucker und Salz verrühren. Mehl und Backpulver mischen und unterheben. 50 g Schokolade raspeln und in den Teig rühren. Im vorgeheizten Ofen bei ca. 175 Grad etwa 50 Minuten backen. Abkühlen lassen. 100 g Schokolade in einem kleinen Topf schmelzen und den Kuchen damit bepinseln. Mit Smarties verzieren.

Ursels Rhabarbertorte

Menge	**Zutaten**	**Preis**
Für den Teig		
4 Stück	Eier	0,52 €
100 g	Butter	0,42 €
100 g	Zucker	0,07 €
1 Prise	Salz	0,05 €
1 Päckchen	Vanillezucker	0,02 €
250 g	Mehl	0,06 €
10 g	Backpulver	0,02 €
Für den Belag		
750 g	Rhabarber	1,28 €
60 g	Speisestärke	0,06 €
200 g	Zucker	0,14 €
50 g	Puderzucker	0,07 €
	Summe	**2,71 €**

Zubereitung

Für den Teig Eier trennen. Eiweiß für den Belag beiseitestellen. Butter, Zucker, Salz und Vanillezucker schaumig rühren. Eigelb zufügen und cremig rühren. Mehl und Backpulver mischen und die Hälfte unterrühren. Die andere Hälfte unterkneten. Teig auf bemehlter Arbeitsfläche zu einem Kreis (35 cm) ausrollen. In eine Springform (26 cm) legen. Dabei einen ca. 4,5 cm hohen Rand andrücken. Teigboden mehrmals einstechen. Die Springform für etwa 20 Minuten kühl stellen. Für den Belag Rhabarber putzen, waschen und in kleine Stücke schneiden. Mit Speisestärke mischen. Eiweiß steif schlagen, dabei den Zucker einrieseln lassen. Rhabarber in Portionen unter den Eischnee heben. Auf den Teig streichen. Im auf 175 Grad vorgeheizten Backofen etwa 1 Stunde backen. Die letzten 20 Minuten mit Pergament oder Backpapier bedecken. Auskühlen lassen und mit Puderzucker bestäuben.

Maulwurfstorte

Menge	Zutaten	Preis
Für den Teig		
5 Stück	Eier	0,65 €
125 g	Zucker	0,09 €
1 Päckchen	Vanillezucker	0,02 €
200 g	gem. Haselnüsse	1,29 €
200 g	Mehl	0,05 €
1 Päckchen	Backpulver	0,04 €
100 g	Schokolade zartbitter	0,69 €
Für die Füllung		
500 g	Bananen	0,55 €
1 Päckchen	Tortenguss klar	0,05 €
500 g	Sahne	0,93 €
2 Päckchen	Sahnesteif	0,23 €
	Summe	**4,59 €**

Zubereitung

Für den Teig Eier, Zucker und Vanillezucker schaumig rühren und die gemahlenen Nüsse dazugeben. Mehl, Backpulver und 50 g geriebene Schokolade unterheben. In eine gefettete Springform füllen und bei 180 Grad 30 Minuten backen. Abkühlen lassen. Den Kuchen in der Mitte aushöhlen, dabei einen etwa 2 cm hohen Rand stehen lassen. Mit geschälten halbierten Bananen belegen. Tortenguss nach Packungsanweisung zubereiten und darübergießen. Sahne mit Sahnesteif schlagen und 50 g geriebene Schokolade unterheben. Die Schokosahne hügelförmig auf den Kuchen streichen. Die ausgehöhlte Teigmasse zu Krümeln verarbeiten und über dem Sahnehügel verteilen.

Schokokuss-Torte

Menge	Zutaten	Preis
Für den Teig		
3 Stück	Eier	0,39 €
100 g	Zucker	0,07 €
100 g	Mehl	0,03 €
1 Päckchen	Backpulver	0,03 €
Für den Belag		
12 Stück	Schokoküsse groß	1,12 €
20 ml	Zitronensaft	0,05 €
250 g	Quark	0,37 €
500 g	Sahne	0,93 €
16 Stück	Schokoküsse mini	0,50 €
	Summe	**3,49 €**

Zubereitung

Für den Teig Eier mit Zucker und 30 ml heißem Wasser schaumig rühren. Mehl und Backpulver mischen und vorsichtig unterheben. In eine Tortenbodenform füllen. Etwa 15 Minuten im Ofen bei 175 Grad backen. Abkühlen lassen. Für den Belag von den Schokoküssen die Waffelböden abnehmen. Schaum und Schokoüberzug zerdrücken, mit Zitronensaft und Speisequark verrühren. Sahne schlagen und unterheben. Die Creme auf den Tortenboden auftragen. Die kleinen Schokoküsse halbieren und die Torte nach Lust und Laune damit verzieren.

Kuchen und Gebäck

Bäuerlicher Pflaumenkuchen

Menge	**Zutaten**	**Preis**
500 g	Mehl	0,13 €
1 Würfel	Hefe	0,09 €
250 ml	Milch	0,15 €
200 g	Zucker	0,14 €
2 Stück	Eier	0,26 €
100 g	Butter	0,42 €
1 Prise	Salz	0,05 €
1 Stück	Zitrone	0,33 €
50 g	Margarine	0,07 €
100 g	Paniermehl	0,08 €
100 g	gehackte Mandeln	0,49 €
2 kg	Pflaumen	3,00 €
2 EL	Puderzucker	0,04 €
	Summe	**5,25 €**

Zubereitung

Mehl in eine Schüssel geben und in die Mitte eine Mulde drücken. Hefe hineinbröseln und mit 5 Esslöffel warmer Milch und 1 Teelöffel Zucker vermengen. Schüssel abdecken und 20 Minuten ruhen lassen, damit die Mischung aufgehen kann. Restlichen Zucker, Eier, Butter in Flöckchen, Salz und den Saft der Zitrone hinzufügen. Die übrige Milch nach und nach dazugeben. Den Teig kneten, bis er blasig wird. An einem warmen Ort gehen lassen, bis der Teig etwa doppelt so groß ist. Noch einmal durchkneten und auf einem mit Margarine eingefetteten Backblech ausrollen. Mit Paniermehl und gehackten Mandeln bestreuen. Pflaumen waschen, halbieren, entkernen und auf dem Kuchen verteilen. Im vorgeheizten Ofen bei 200 Grad etwa 45 Minuten backen. Anschließend 5–10 Minuten im ausgeschalteten Backofen stehen lassen. Den abgekühlten Kuchen mit Puderzucker bestreuen. Dazu geschlagene Sahne servieren.

Norddeutscher Streuselkuchen

Menge	Zutaten	Preis
Für den Teig		
500 g	Mehl	0,13 €
½ Würfel	Hefe	0,05 €
400 ml	Milch	0,22 €
100 g	Zucker	0,07 €
1 Prise	Salz	0,05 €
Für die Streusel		
250 g	Mehl	0,06 €
150 g	Zucker	0,10 €
2 TL	Zimt	0,14 €
150 g	Butter	0,63 €
	Summe	**1,45 €**

Zubereitung

Mehl in eine Schüssel geben und in die Mitte eine Mulde drücken. Hefe hineinbröseln und mit 5 Esslöffel warmer Milch und 1 Teelöffel Zucker vermengen. Schüssel abdecken und 20 Minuten ruhen lassen, damit die Mischung aufgehen kann. Restlichen Zucker, Salz und die übrige Milch nach und nach dazugeben. Den Teig kneten, bis er blasig wird. An einem warmen Ort gehen lassen, bis der Teig etwa doppelt so groß ist. Noch einmal durchkneten und auf einem eingefetteten Backblech ausrollen. Für die Streusel Mehl mit Zucker und Zimt vermischen. Butter in kleinen Stückchen dazugeben. Das Ganze mit den Fingerspitzen schnell zu Streuseln verarbeiten und auf den Kuchen geben. Im vorgeheizten Ofen bei 175 Grad etwa 30 Minuten backen.

Olgas schneller Butterkuchen

Menge	Zutaten	Preis
Für den Teig		
4 Stück	Eier	0,52 €
200 g	Zucker	0,14 €
1 Päckchen	Vanillezucker	0,02 €
1 Prise	Salz	0,05 €
200 g	Sahne	0,37 €
280 g	Mehl	0,07 €
2 Päckchen	Backpulver	0,06 €
Für den Belag		
125 g	Butter	0,53 €
125 g	Zucker	0,09 €
80 ml	Milch	0,05 €
200 g	gehobelte Mandeln	0,98 €
	Summe	**2,88 €**

Zubereitung

Für den Teig Eier, Zucker, Vanillezucker und Salz schaumig rühren. Sahne unterrühren. Mehl und Backpulver dazusieben und vermischen. Den Teig auf ein gefettetes Backblech streichen. Im vorgeheizten Ofen bei 200 Grad etwa 15 Minuten vorbacken. Für den Belag Butter zerlassen und mit Zucker, Milch und gehobelten Mandeln vermischen. Die Masse auf den vorgebackenen Teig geben und weitere 10 Minuten backen.

Omas Apfelkuchen

Menge	Zutaten	Preis
150 g	Butter	0,63 €
150 g	Zucker	0,10 €
1 Prise	Salz	0,05 €
3 Stück	Eier	0,39 €
1 Päckchen	Vanillezucker	0,02 €
300 g	Mehl	0,08 €
2 Päckchen	Backpulver	0,06 €
600 g	Äpfel	0,69 €
50 g	Puderzucker	0,07 €
	Summe	**2,09 €**

Zubereitung

Butter mit Zucker und Salz schaumig rühren. Eier und Vanillezucker nach und nach zugeben. Mehl mit Backpulver durchsieben und esslöffelweise unter die Schaummasse rühren. Ein Drittel des Teigs in eine gefettete Springform füllen. Äpfel schälen, vierteln und das Kerngehäuse entfernen. Die Viertel in kleine Stücke schneiden. Apfelstückchen mit dem restlichen Teig verrühren. Apfel-Teig-Mischung in die Form füllen und glatt streichen. Im vorgeheizten Backofen bei 175 Grad 50 Minuten backen. Kurz in der Form abkühlen lassen, aus der Form lösen und auf einem Kuchengitter ganz auskühlen lassen. Mit Puderzucker bestreuen.

Eichsfelder Buttermilchkuchen

Menge	Zutaten	Preis
2 Stück	Eier	0,26 €
250 g	Zucker	0,17 €
1 Päckchen	Vanillezucker	0,02 €
500 g	Mehl	0,13 €
2 Päckchen	Backpulver	0,06 €
½ l	Buttermilch	0,29 €
100 g	gehobelte Mandeln	0,49 €
100 g	Butter	0,42 €
200 g	Sahne	0,37 €
	Summe	**2,21 €**

Zubereitung

Eier, 200 g Zucker, Vanillezucker, Mehl, Backpulver und Buttermilch zu einem Rührteig verarbeiten. Auf ein gefettetes Backblech streichen. Gehobelte Mandeln mit 50 g Zucker vermischen und auf den Teig streuen. Im vorgeheizten Ofen bei 200 Grad etwa 20 Minuten backen. Butter und Sahne zusammen aufkochen und über den heißen Kuchen gießen. Abkühlen lassen.

Fußballkuchen

Menge	Zutaten	Preis
6 Stück	Eier	0,77 €
350 g	Zucker	0,24 €
1 Päckchen	Vanillezucker	0,02 €
250 g	Margarine	0,33 €
50 ml	Milch	0,03 €
350 g	Mehl	0,09 €
1 Päckchen	Backpulver	0,03 €
1 Prise	Salz	0,05 €
100 g	Kakaopulver	0,21 €
680 g	Sauerkirschen (Glas)	0,61 €
	Summe	**2,38 €**

Zubereitung

Eier mit Zucker und Vanillezucker schaumig rühren. Margarine und Milch dazugeben und unterrühren. Mehl, Backpulver und Salz mischen, dazusieben und unterheben. Den Teig in zwei Hälften teilen, in eine Hälfte das Kakaopulver einrühren. Kirschen abtropfen lassen und in einer Springform gleichmäßig verteilen. Abwechselnd den hellen und dunklen Teig löffelweise daraufgeben. Im vorgeheizten Ofen bei 180 Grad etwa 50 Minuten backen.

Rhabarberkuchen

Menge	Zutaten	Preis
Für den Teig		
8 Stück	Eier	1,03 €
300 g	Zucker	0,21 €
200 g	Butter	0,84 €
350 g	Mehl	0,09 €
1 Päckchen	Backpulver	0,03 €
100 g	Sahne	0,19 €
500 g	Rhabarber	0,85 €
Für den Belag		
250 g	Butter	1,05 €
250 g	Zucker	0,17 €
75 g	Mehl	0,02 €
200 g	Mandelblättchen	0,98 €
	Summe	**5,46 €**

Zubereitung

Eier und Zucker schaumig rühren. Butter schmelzen und einrühren. Mehl und Backpulver dazusieben. Sahne steif schlagen und unterziehen. Den Teig in eine gefettete Springform (28 cm) füllen. Rhabarer schälen, waschen, klein schneiden und darauf verteilen. Im vorgeheizten Backofen bei 180 Grad 15–20 Minuten backen. Für den Belag die Butter mit Zucker, Mehl und Mandeln kurz aufkochen und auf den vorgebackenen Kuchen streichen. Weitere 15 Minuten bei gleicher Hitze backen.

Schlesischer Zuckerkuchen

Menge	**Zutaten**	**Preis**
Für den Teig		
500 g	Mehl	0,13 €
1 Würfel	Hefe	0,09 €
250 ml	Milch	0,15 €
75 g	Zucker	0,05 €
1 Prise	Salz	0,05 €
50 g	Butter	0,21 €
Für den Belag		
150 g	Butter	0,63 €
100 g	Zucker	0,07 €
75 g	gehackte Mandeln	0,37 €
	Summe	**1,75 €**

Zubereitung

Mehl in eine Schüssel sieben und in die Mitte eine Mulde drücken. Hefe hineinbröseln und mit 1 TL Zucker und 5 EL warmer Milch vermischen. Etwas Mehl darüberstreuen. An einem warmen Ort so lange gehen lassen, bis das Mehl rissig wird. Restlichen Zucker, Milch, Salz und zerlassene Butter zufügen und zu einem festen Teig verkneten. An einem warmen Ort 30 Minuten gehen lassen. Den Teig auf einem gefetteten Backblech ausrollen. Butter in Flöckchen gleichmäßig darauf verteilen, darüber Zucker streuen und die Mandeln verteilen. Weitere 20 Minuten an einem warmen Ort gehen lassen. Im vorgeheizten Ofen bei 200 Grad etwa ½ Stunde backen.

Kleine Muffins

Menge	**Zutaten**	**Preis**
5 Stück	Eier	0,65 €
250 g	Zucker	0,17 €
1 Päckchen	Vanillezucker	0,02 €
250 g	Butter	1,05 €
500 g	Mehl	0,13 €
1 Päckchen	Backpulver	0,03 €
1 Prise	Salz	0,05 €
200 ml	Mineralwasser	0,03 €
1 Stück	Orange	0,28 €
100 g	Schokostreusel	0,32 €
40 Stück	Papierförmchen	1,03 €
	Summe	**3,76 €**

Zubereitung

Eier mit Zucker und Vanillezucker schaumig rühren. Weiche Butter unterrühren. Mehl und Backpulver sieben und mit Salz und Mineralwasser unterziehen. Orange auspressen. 4 EL Saft mit den Schokostreuseln untermischen. Jeweils 1 gehäuften Esslöffel Teig in die Papierförmchen füllen. Auf einem Backblech verteilen und bei 180 Grad im Ofen etwa ½ Stunde backen.

Lausitzer Nussschnitten vom Blech

Menge	Zutaten	Preis
4 Stück	Eier	0,52 €
250 g	Margarine	0,38 €
250 g	Zucker	0,17 €
250 g	Mehl	0,06 €
1 Päckchen	Backpulver	0,03 €
20 g	Kakaopulver	0,04 €
200 g	gehackte Haselnüsse	1,29 €
250 g	Puderzucker	0,35 €
50 ml	Zitronensaft	0,12 €
	Summe	**2,96 €**

Zubereitung

Eier trennen. Eigelb mit Margarine und Zucker verrühren. Mehl, Backpulver und Kakaopulver dazusieben und einrühren. Eiweiß steif schlagen und unterheben. Teig auf ein gefettetes Backblech streichen und mit gehackten Haselnüssen bestreuen. Im vorgeheizten Ofen bei 180 Grad 30 Minuten backen. Abkühlen lassen. In Stücke schneiden. Puderzucker mit Zitronensaft glatt rühren und auf den Schnitten verteilen.

Gildos Nussecken

Menge	Zutaten	Preis
Für den Teig		
2 Stück	Eier	0,26 €
130 g	Zucker	0,09 €
130 g	Butter	0,55 €
300 g	Mehl	0,08 €
1 Päckchen	Backpulver	0,03 €
Für den Belag		
150 g	Aprikosenmarmelade	0,30 €
200 g	Butter	0,84 €
200 g	Zucker	0,14 €
1 Päckchen	Vanillezucker	0,02 €
400 g	gehobelte Mandeln	1,96 €
200 g	Schokolade zartbitter	1,38 €
	Summe	**5,65 €**

Zubereitung

Eier mit Zucker schaumig rühren. Butter in Flöckchen hinzufügen. Mehl und Backpulver dazusieben und verkneten. Den Teig auf einem gefetteten Backblech ausrollen. Aprikosenmarmelade auf den ausgerollten Teig streichen. Butter, Zucker und Vanillezucker erhitzen, bis sich der Zucker aufgelöst hat. Gehobelte Mandeln mit 75 ml Wasser unterrühren. Die Masse auf den Teig geben. Im vorgeheizten Ofen bei 175 Grad etwa 25 Minuten backen. Noch warm zunächst in Rechtecke und dann in Dreiecke schneiden. Schokolade in einem kleinen Topf schmelzen. Die Ecken der Stücke hineintauchen. Abkühlen lassen.

Constances Spiegeleierkuchen

Menge	Zutaten	Preis
250 g	Margarine	0,38 €
250 g	Zucker	0,17 €
5 Stück	Eier	0,65 €
250 g	Mehl	0,06 €
2 Päckchen	Backpulver	0,06 €
1 l	Milch	0,59 €
2 Päckchen	Vanillepuddingpulver	0,10 €
400 g	saure Sahne	0,62 €
1 Dose	Pfirsiche (850 ml)	0,75 €
2 Päckchen	Tortenguss klar	0,10 €
	Summe	**3,48 €**

Zubereitung

Margarine, 200 g Zucker und Eier schaumig rühren. Mehl und Backpulver dazusieben und verrühren. Teig auf ein gefettetes Backblech geben. Im vorgeheizten Ofen bei 180 Grad 20 Minuten backen. Abkühlen lassen. Milch mit dem Vanillepuddingpulver und 50 g Zucker aufkochen. Vom Herd nehmen und abkühlen lassen. Saure Sahne unter den Pudding heben. Die Masse auf dem Boden verstreichen und bei 180 Grad weitere 15 Minunten backen. Leicht abkühlen lassen und die abgetropften Pfirsiche darauf verteilen (die runde Seite nach oben, damit es wie ein Spiegelei aussieht). Tortenguss nach Packungsanleitung zubereiten und über den Kuchen gießen. Abkühlen und fest werden lassen.

Aepplers Berliner

Menge	Zutaten	Preis
125 ml	Milch	0,07 €
100 g	Butter	0,42 €
500 g	Mehl	0,13 €
1 Würfel	Hefe	0,09 €
2 Stück	Eier	0,26 €
150 g	Zucker	0,10 €
1 kg	Frittierfett	1,49 €
300 g	Marmelade	0,59 €
100 g	Puderzucker	0,14 €
	Summe	**3,29 €**

Zubereitung

Milch in einem kleinen Topf erwärmen und die Butter darin zerlassen. Mehl in eine Rührschüssel sieben und sorgfältig mit zerbröselter Hefe vermischen. Eier, Zucker und die warme Milch-Butter-Mischung hinzufügen und alles mit einem Handrührgerät kurz auf niedrigster Stufe verrühren, dann auf höchster Stufe in etwa 5 Minuten zu einem glatten Teig verarbeiten. Zugedeckt an einem warmen Ort so lange gehen lassen, bis er sich sichtbar vergrößert hat. Das Frittierfett in einem großen Topf oder einer Friteuse erhitzen, bis sich um einen in das Fett gehaltenen Holzlöffelstiel Bläschen bilden. Den Teig leicht mit Mehl bestäuben, aus der Schüssel nehmen und auf einer Arbeitsfläche nochmals kurz durchkneten. In 16 gleich große Stücke teilen und zu Bällchen rollen. Darauf achten, dass der Teig keine Risse hat. Teigbällchen zwischen 2 mit Mehl bestäubten Tüchern nochmals gehen lassen, bis sie sich sichtbar vergrößert haben. Portionsweise in das siedende Fett geben, von allen Seiten goldbraun backen. Mit einem Schaumlöffel herausnehmen und auf Küchenpapier gut abtropfen lassen. Die Berliner noch heiß in Puderzucker wenden und auf einem Küchenrost erkalten lassen. Für die Füllung Marmelade durch ein Sieb streichen und in einen Spritzbeutel mit Lochtülle füllen. In jeden Berliner seitlich etwas Füllung spritzen.

Schneller Schokoladenkuchen

Menge	Zutaten	Preis
100 g	Schokolade zartbitter	0,69 €
250 g	Butter	1,05 €
200 g	Zucker	0,14 €
2 Päckchen	Vanillezucker	0,04 €
2 Stück	Eier	0,25 €
100 g	Sahne	0,19 €
250 g	Mehl	0,06 €
1 Päckchen	Backpulver	0,03 €
50 g	Kakaopulver	0,11 €
200 g	Schokostreusel	0,65 €
150 ml	Milch	0,08 €
50 g	Puderzucker	0,09 €
	Summe	**3,38 €**

Zubereitung

Schokolade grob zerkleinern und im Wasserbad schmelzen. 200 g Butter, Zucker und Vanillezucker cremig rühren. Eier nach und nach unterrühren. Sahne und geschmolzene Schokolade unter Rühren dazugeben. Mehl mit Backpulver, Kakaopulver und Schokostreuseln mischen und abwechselnd mit der Milch einrühren. Teig in eine mit der übrigen Butter eingefettete Kasten- oder Springform füllen und bei 175 Grad etwa 70 Minuten backen. Auskühlen lassen und mit Puderzucker bestäuben.

Mandelhörnchen

Menge	**Zutaten**	**Preis**
3 Stück	Eier	0,39 €
300 g	Marzipanrohmasse	1,65 €
100 g	Mehl	0,03 €
150 g	Zucker	0,10 €
2 Päckchen	Vanillezucker	0,04 €
100 g	gehobelte Mandeln	0,49 €
100 g	Schokolade zartbitter	0,69 €
	Summe	**3,39 €**

Zubereitung

Eier trennen. Eiweiß mit Marzipanrohmasse zu einer geschmeidigen Masse verarbeiten, dabei Klümpchen vermeiden. Das Mehl fein sieben und mit Zucker und Vanillezucker nach und nach unter die Marzipanmasse kneten. Ein Backblech mit Backpapier auslegen. Aus der Teigmasse flache Hörnchen formen und auf dem Blech verteilen. Die Mitte der Hörnchen mit verquirltem Eigelb bestreichen und mit gehobelten Mandeln belegen. Im auf 180 Grad vorgeheizten Ofen etwa 14 Minunten backen. Abkühlen lassen. Schokolade schmelzen. Die Enden der Hörnchen in die Schokolade tunken. Auf dem Backpapier trocknen lassen.

REZEPTVERZEICHNIS

STICHWORTREGISTER

PREISLISTE

PRODUKT	MENGE	EURO
After Eight	200 g	1,69
Äpfel, 5 Stück	1 kg	1,15
Babypute (TK)	1 kg	3,99
Backobst	250 g	1,09
Backpulver	150 g	0,29
Baguette	1 Stück	0,29
Bananen	1 kg	1,09
Basilikum getr.	15 g	0,49
Brokkoli	1 kg	1,98
Brombeeren (TK)	750 g	1,99
Brötchen	1 Stück	0,17
Brühe, sort., 7 l (Instant)	140 g	0,59
Buchstabennudeln	500 g	1,39
Buchweizenmehl	500 g	1,29
Butter	250 g	1,05
Buttermilch	500 ml	0,29
Cappuccinopulver	250 g	1,69
Champignons (frisch)	250 g	0,99
Champignons (Dose)	314 ml	0,49
Chillipfeffer	30 g	0,89
Chillischoten	100 g	1,19
Crème fraîche	200 g	0,42
Currypulver	45 g	0,49
Dillkräuter getr.	50 g	0,35
Eier (Bodenhaltung)	10 Stück	1,29
Erbsen (getrocknet)	500 g	0,99
Erbsen (Dose)	423 ml	0,49
Essig	1 l	0,39
Feldsalat	150 g	1,39
Feta-Käse	200 g	1,69
Fleischwurst	650 g	1,89
Frischkäse	200 g	0,47
Frittierfett	1 kg	1,49
Frühlingszwiebeln	1 Bund	0,39
Gelatine	12 Blatt	0,79
Gewürzgurken	720 ml	0,65
Gouda am Stück	1 kg	4,49
Hackfleisch, gemischt	1 kg	4,73
Hackfleisch vom Rind	1 kg	4,50
Hähnchenbrust	1 kg	6,27
Hähnchenschenkel	1 kg	2,08
Haselnüsse gehackt	200 g	1,29
Haselnüsse gemahlen	200 g	1,29
Hefe (1 Würfel)	42 g	0,09
Himbeeren (TK)	750 g	1,99
Honig	500 g	2,29
Irish-Creme-Likör	700 ml	3,99
Kaffee	500 g	2,49
Kakaopulver	800 g	1,69
Kartoffeln	1 kg	0,90
Ketchup	1 l	1,44
Kidneybohnen (Dose)	425 g	0,35
Knoblauch (frisch)	200 g	0,99
Kochschinken	200 g	1,29
Kräutermischung (TK)	50 g	0,55
Kümmel	50 g	0,49
Lorbeerblätter	75 g	1,49
Mais (Dose)	425 ml	0,48
Majoran getr.	10 g	0,55
Makkaroni	500 g	1,29
Mandeln gehackt	100 g	0,49
Mandeln gehobelt	100 g	0,49
Maracuja-Nektar	1 l	0,99
Margarine	500 g	0,75
Marmelade, sort.	450 g	0,89
Marzipanrohmasse	200 g	1,09
Matjesfilet	300 g	0,99
Mehl	1 kg	0,25
Mettwürstchen (4 Stück)	300 g	1,49
Milch (Frisch-/H-Milch)	1 l	0,56
Mineralwasser	1,5 l	0,19
Miracel Whip	500 g	1,89
Möhren	1 kg	0,85
Muskat	50 g	0,49
Naturjoghurt	500 g	0,39
Nougatcreme	400 g	0,99
Orangen	6 Stück	1,70
Oregano	7,5 g	0,55
Paniermehl	1 kg	0,75
Papierförmchen	50 Stück	1,29
Paprika (grün,gelb,rot)	1 kg	2,49
Paprikapulver	50 g	0,49
Parmesan (1 Tüte)	100 g	1,19
Petersilie	1 Bund	0,59
Pfeffer	50 g	0,49
Pfefferkörner	35 g	0,89

Pfirsiche (Dose)	850 ml	0,75
Pflaumen	1 kg	1,50
Pinienkerne	175 g	1,29
Porree, 8 Stangen	1 kg	1,99
Preiselbeeren (Glas)	400 g	0,89
Puddingpulver (5 x 37 g)	185 g	0,25
Puderzucker	250 g	0,35
Quark, sortiert	250 g	0,37
Räucherlachs	200 g	2,99
Rehkeule (TK)	1 kg	13,90
Reis	1 kg	0,98
Rhabarber	1 kg	1,69
Rinderrouladen	1 kg	6,99
Rinderbraten	1 kg	7,99
Rindergulasch	1 kg	6,99
Rocher-Pralinen	25 Stück	3,99
Roggenbrot	500 g	0,49
Rosenkohl	1 kg	0,99
Rosinen	250 g	0,59
Rote Bete (frisch)	1 kg	1,98
Rotkohl	720 ml	0,45
Rotwein	750 ml	1,19
Sahne	200 g	0,37
Sahnesteif (5 x 8 g)	40 g	0,79
Salatgurke	1 Stück	0,39
Salz	500 g	0,19
Sauerkirschen (Glas)	720 ml	0,65
Saure Sahne	200 g	0,31
Schmelzkäse	200 g	0,79
Schnittlauch	1 Bund	0,59
Schokoküsse (groß)	16 Stück	1,49
Schokoküsse (mini)	32 Stück	0,99
Schokolade zartbitter	100 g	0,69
Schokostreusel	400 g	1,29
Schweinefilet	1 kg	9,98
Schweine-Rippenbraten	1 kg	4,99
Schweinegulasch	500 g	2,79
Schweinenacken	1 kg	3,99
Schweineschmalz	250 g	0,49
Schweineschulter	1 kg	4,99
Schweinshaxe	1 kg	3,49
Sellerie	1 Bund	1,15
Senf	200 ml	0,49
Sesamkörner	250 g	1,79
Silberzwiebeln (Glas)	320 g	0,95
Smarties	200 g	1,69
Soßenbinder sort.	250 g	0,49
Spätzle	500 g	0,69
Speck durchwachsen	300 g	1,29
Speiseöl	1 l	0,95
Speisestärke	400 g	0,39
Spiralnudeln	500 g	0,39
Suppengrün	1 Bund	1,19
Thüringer Mett	1 kg	3,98
Tomaten	1 kg	0,99
Tomaten, geschält	425 ml	0,35
Tomaten, getrocknet	150 g	1,99
Tomatenmark	200 g	0,49
Tortenguss klar (6 x 12 g)	72 g	0,29
Vanillezucker (10 x 8 g)	80 g	0,19
Waldpilze, gemischt	425 ml	0,99
Weiße Bohnen	500 ml	1,59
Weißkohl	1 kg	0,99
Weißwein	750 ml	1,39
Wildschweinkeule (TK)	1 kg	14,79
Zimt	40 g	0,55
Zitronen	3 Stück	0,99
Zitronensaft	200 ml	0,49
Zucchini	1 kg	1,29
Zucker	1 kg	0,69
Zwiebeln	1 kg	0,99

ALLE ANGABEN OHNE GEWÄHR
STAND: JULI 2010